CB

Valentin Rasputin

Der Brand

Erzählung

Sibirien ohne Romantik

Essay

C. Bertelsmann

Aus dem Russischen von Erich Ahrndt

Die russischen Originalausgaben erschienen unter den Titeln »Poshar« zuerst abgedruckt in der Zeitschrift Nasch sowremennik Nr. 7/1985 und »Sibir'bes romantiki« zuerst abgedruckt in der Zeitschrift Roman-gaseta Nr. 17/1984

Satz: Filmsatz Schröter GmbH, München
Druck und Bindung: Mühlberger, Augsburg
ISBN 3-570-06296-1 · Printed in Germany

Der Brand

Erzählung

I

Auch früher schon hatte Iwan Petrowitsch gefühlt, es ginge mit seinen Kräften zu Ende, aber noch nie so sehr, daß er dachte: Jetzt bist du am Nullpunkt. Er fuhr den Wagen in die Garage, trat durch den freien Durchgang auf die Straße, und zum erstenmal lag der Heimweg von der Garage, den er zwanzig Jahre lang nicht bemerkt hatte, wie man als Gesunder das eigene Atmen nicht bemerkt, zum erstenmal lag dieser lächerlich kurze Weg in seiner ganzen Länge vor ihm, und für jeden Meter war ein Schritt und für jeden Schritt Kraft nötig. Nein, die Beine wollten nicht mehr, nicht mal nach Hause.

Auch die kommende Woche, die letzte Arbeitswoche, erschien ihm nun endlos lang – länger als ein Leben. Er konnte sich nicht vorstellen, wie, unter welchen Anstrengungen er diese Woche hinter sich bringen sollte; und wie es danach weitergehen sollte, davon machte er sich schon gar kein Bild. Danach begann etwas Fremdes, Verbotenes – Verdientes, aber auch Unnötiges, und seine Ahnung davon reichte in diesen bitteren Minuten nicht weiter und war nicht deutlicher als die vom Tod.

Wieso er bloß so müde war? Überanstrengt hatte er sich heute nicht, es war sogar ohne Aufregungen und Anschreien abgegangen. Er hatte einfach den Nullpunkt erreicht, weiter ging es nun nicht mehr. Gestern noch war etwas für später übriggeblieben, heute war alles aufgebraucht. Wie er morgen aufstehen sollte, wieder starten und rausfahren – er wußte es nicht. Auch an den morgigen Tag ließ sich nur schwer glauben, und es lag eine ungute Befriedigung darin, daß es so war: Jetzt müßte es lange, lange Nacht bleiben, ohne jedes Maß und gegen jede Ordnung, damit sich die einen ausschlafen, andere sich besinnen, wieder andere nüchtern werden könnten ... wenn dann der neue Tag käme, müßte er gesund sein. Das wäre schön.

Es war ein milder, stiller Abend. Nachdem es tagsüber schon viel wärmer geworden war, gab es auch jetzt keinen Frost mehr. Sogar auf der festen Straße blieben tiefe Fußspuren im nassen Schnee; immer noch rannen Tauwasserbäche glucksend bergab. In der zu reinem Blau verdichteten samtigen Dämmerung schien bei diesem Frühlingstauwetter alles ringsum überschwemmt oder heillos in Nässe zu schwimmen, nur die Angara, deren Schneedecke weißer und reiner war, sah von weitem wie festes Ufer aus.

Iwan Petrowitsch langte endlich zu Hause an – ohne zu wissen, ob er unterwegs stehengeblieben war oder mit jemandem gesprochen hatte, ohne die gewohnten Schmerzen, bei denen etwas in ihm stockte oder rebellierte –, ging am verwüsteten Vorgarten vorbei und schloß die Pforte hinter sich. Aus dem Stall hinten auf dem Hof war Aljonas Stimme zu hören, sie redete dem Einmonatskalb begütigend zu. Iwan Petrowitsch zog im Vorraum die schmutzigen Stiefel aus, zwang sich zum Waschen, ließ es aber schnell sein und sank in der Diele auf die Bank an der großen, warmen Seite des russischen Ofens. Das hier ist jetzt mein Platz, dachte er und horchte, ob Aljona käme: Ihn quälte der Gedanke, zum Abendbrot aufstehen zu müssen. Aljona würde keine Ruhe geben, bis er gegessen hätte. Dabei hatte er so wenig Lust aufzustehen! Zu nichts hatte er Lust. Wie im Grab.

Aljona kam herein, wunderte sich, daß er herumlag, und fragte ihn besorgt, ob er krank sei. Nein, krank sei er nicht. Nur müde. Während sie ihm etwas erzählte, ohne daß er zuhörte, deckte sie den Tisch. Iwan Petrowitsch bat um Aufschub. Er lag da und brabbelte träge und grundlos, als sei das gar nicht ihm eingefallen, die auf unerklärliche Weise miteinander verbundenen Wörter März und Schmerz, vor sich hin. Etwas hatten sie über den Klang hinaus gemeinsam. Ja doch, er mußte den März überwinden, mit letzter Kraft diese letzte Woche bewältigen.

In diesem Moment drangen Rufe zu ihm: »Feuer! Die Lagerhallen brennen!«

Iwan Petrowitsch war so taumelig und benommen, daß er glaubte, er sei es, der rief. Doch da stürzte Aljona herbei.

»Hörst du, Iwan? Hörst du? Ach du! Und du hast nichts gegessen.«

2

Die Lagerhäuser der Arbeiterversorgung waren wie ein großes L angeordnet, mit dem langen Ende längs der Angara oder, wie es jetzt richtiger heißt, am Wasser, während das kurze rechts auf die Untere Straße stieß – als ob der gewichtige Buchstabe nicht aufrecht stünde, sondern läge, von oben aus der Siedlung gesehen. Die beiden offenen Flanken schützte natürlich ein dichter Zaun. In diese Warenburg führten zwei Wege von der Straße: eine breite Toreinfahrt für Autos und daneben ein Durchgang für Befugte. Rechts von der Einfahrt und näher zu den Lagerhäusern stand, genau eingepaßt und halb aus der Zaunflucht hervortretend, ein Laden, der grün angestrichen und mit großen Fenstern fröhlich auf die Straße sah und einen gemeinsamen Eingang zu seinen beiden Hälften hatte – der Lebensmittel- und der Industriewarenabteilung.

Die Untere Straße war rechts wie links der Lagerhallen dicht bebaut: Menschen zieht es stets zum Wasser. Ein größeres Feuer konnte sich also nach beiden Seiten über die Dächer ausbreiten oder auch auf die obere Häuserreihe überspringen. Merkwürdigerweise dachte Iwan Petrowitsch vor allem daran, als er aus dem Haus eilte, und nicht, wie man die Lager retten könne. In solchen Fällen rechnet man sich gleich das Schlimmste aus, erst später begrenzen der Verstand und die Tatsachen dann den Schaden.

Von der Vortreppe warf Iwan Petrowitsch einen Blick zu den Lagern und sah kein Feuer. Aber die Rufe, die jetzt von überall zu hören waren, klangen dort verzweifelter und ernster. Um den Weg abzukürzen, rannte Iwan Petrowitsch durch den Gemüsegarten, und als er offenes Gelände erreichte, überzeugte er sich: es brennt. Matter, stockender Feuerschein flackerte seitlich der Lager und scheinbar weit rechts davon; Iwan Petrowitsch glaubte einen Augenblick, daß die trockenen Stangengerüste in den Gärten und das Badehäuschen hinter der Straße brannten, aber im selben Moment schoß der Feuerschein steil in die Höhe und erhellte die Lagergebäude unter sich.

Abermals waren laute Zurufe und das Krachen abgerissenen Holzes zu hören. Iwan Petrowitsch besann sich: Wo will ich eigentlich hin mit leeren Händen? Er machte kehrt und rannte zurück, rief unterwegs nach Aljona, aber die war nicht mehr da, sie hatte alles stehen- und liegengelassen und war weggerannt. Iwan Petrowitsch nahm das Beil vom Holzstoß, preschte am Zaun entlang und überlegte, wo der Brandhaken sein könnte, erinnerte sich aber nicht, weil ihm inzwischen ein anderer Gedanke kam: das Haus abschließen. Doch der Widerschein des Feuers tanzte bedrohlich an der Hauswand und mahnte zur Eile. Iwan Petrowitsch verlor jede Erinnerung, raste auf demselben Weg zurück.

Im Laufen registrierte er, daß sich der Feuerschein näher auf die Straße zubewegt hatte. Die Sache war demnach kein Spaß. Einen so gefährlichen Brand hatte es noch nicht gegeben, solange die Siedlung stand.

Iwan Petrowitsch umlief den Zaun und ging durch das breite, jetzt weit aufgestoßene Tor langsam ins Hofinnere, um zu sehen, was vor sich ging.

3

Ausgebrochen war das Feuer allem Anschein nach an der Ecke oder nicht weit von der Ecke, wo die Lagerhäuser nach zwei Seiten auseinandergingen und sich in ein längeres und ein kürzeres Ende teilten: die Lebensmittellager und die Industriewarenlager. Die beiden Seiten standen jede für sich unter einem durchgehenden Dach. Das ganze war so angelegt, daß, wenn an dieser Ecke Feuer ausbrach, alles restlos niederbrennen mußte. Was die Bauweise und die Möglichkeit eines Brandes betrifft, so war der Russe schon immer erst durch Schaden klug geworden und hat sein Haus schon immer so eingerichtet, daß es praktisch war und sich gut drin wohnen ließ und nicht, daß man sicher drin war und sich leicht retten konnte. Um so weniger Gedanken hatte man sich hier gemacht, als die Siedlung auf die Schnelle hingebaut wurde: Wer denkt an Feuer, wenn er vorm Wasser Zuflucht sucht? Doch was die Ecke angeht, wo der Brand ausgebrochen war, so war hier jemand lange vor dem Schaden klug gewesen – oder wenn kein Mensch, dann wohl ein böser Zufall.

Das Feuer hatte sich sofort nach beiden Seiten ausgebreitet. Auf der Lebensmittelseite übers Dach, und so rasch und mit einem Geknatter, als wäre dort oben Pulver gestreut gewesen. Diese Seite war nicht mehr mit dem Schiefer gedeckt worden, der schon im Herbst angefahren und am Zaun abgeladen worden war, wo er jetzt noch lag. Die Industriewarenseite dagegen hatte schon seit zwei Jahren ein Schieferdach – wenn Kisten mit Konservendosen oder Sachen zum Knabbern und Schlabbern naß werden, ist das etwas ganz anderes, als wenn japanische Fähnchen Regen abkriegen, deretwegen die Leute sogar aus Irkutsk herüberkommen und die außer dem Geldwert noch einen besonderen Wert haben. Doch der Schiefer hatte das Feuer wohl kaum gehindert, sich nach dieser Seite über das Dach auszubreiten. Die ärgste Glut war im ersten Lager an der Ecke, von dort mußte das Ganze logischerweise auch ausgegangen sein.

Noch ein weiteres Lager hatte ein Schieferdach – das

hinten am Zaun in der Lebensmittelreihe, in dem Mehl und Nährmittel waren.

Als Iwan Petrowitsch im Zickzack schräg über den erleuchteten Hof ging und nicht wußte, wohin, bildeten sich gerade an zwei Stellen Gruppen: eine rollte am rechten Brandherd Motorräder von einer Palette, die zweite, die aus vier, fünf Männern bestand, trug auf der anderen Seite in der Mitte der längeren Gebäudereihe das Dach ab, um das Feuer oben aufzuhalten. Schon wurde es heiß von der nahen Glut – die Männer zerrten und stießen die schwarz verwitterten, splitternden Bretter unter wütenden Schreien vom Dach. Iwan Petrowitsch erinnerte sich an das Beil in seiner Hand – damit mußte er ihnen zu Hilfe kommen. Als er sie erreicht hatte, hüpfte er unten herum, sprang vor den herunterkrachenden Brettern beiseite und wußte nicht, auf welcher Seite er hochklettern sollte. Sein Verstand setzte völlig aus, absolut nichts ging in seinen Schädel. Erst als er jemanden mit breit gespreizten Beinen eilig vom linken Zaun aus übers Dach staksen sah, rannte er auch dorthin und machte sich die heftigsten Vorwürfe für seine Begriffsstutzigkeit – nicht mit Worten, nach Reden war ihm jetzt nicht zumute, sondern indem er sich bei der wabernden Hitze mit der eingeatmeten Verzweiflung sozusagen zugleich verfluchte und versengte. Dabei war es doch noch gar nicht lange her, daß er mal ein Mann wie jeder andere gewesen war – und jetzt nur noch Haut und Knochen.

Oben führte Afonja Bronnikow das Kommando. Beim Näherkommen hörte Iwan Petrowitsch, wie er jemandem befahl, vom Dach zu klettern und eine Brechstange oder zur Not ein Stück Eisen zu suchen, das als Stemmeisen zu gebrauchen wäre. Iwan Petrowitsch wurde sofort leichter ums Herz: Gut, daß Afonja da war. Noch ein Zuverlässiger kämpfte hier oben – der Traktorist Semjon Kolzow, ein Zugereister zwar, aber Iwan Petrowitsch hatte schon mit ihm gearbeitet und wußte, auf den ist Verlaß.

Als Afonja das Beil in Iwan Petrowitschs Hand sah, rief er erfreut: »Na also, wenigstens einer ist so schlau! Die anderen kommen zum Feuer gerannt wie zu Tisch – mit leeren Händen.«

Er schickte Iwan Petrowitsch an die Seite, die auf den Hof ging, und der besann sich nicht lange und schlug Bretter ab. Von der anderen Seite des Daches, vom First aus, hieb Afonja mit einem Stampfholz wie mit einem Vorschlaghammer von unten gegen das Dach; er stieg dazu immer wieder auf einen Holzklotz, den er weiterrückte. In der Mitte war Semjon Kolzow mit dem Beil am Werken, hüben wie auch auf der anderen Seite, die auf die Angara sah. Sonst beherrscht und wenig gesprächig, war er beim Zerschlagen und Zertrümmern der Bretter links und rechts in Rage gekommen und schrie wild und ohne Pause. Wie sehr Iwan Petrowitsch auch beschäftigt und von der Arbeit beansprucht war, er fand doch noch Zeit zu denken: So außer sich geraten, sich so die Lunge aus dem Leib schreien kann der Mensch nur, wenn er zum Angriff, zum Töten vorstürmt oder zum Zerstören gezwungen ist, wie wir jetzt; tierisch zu brüllen fiele ihm nicht ein, wenn er zum Beispiel Korn sät oder fürs Vieh Gras mäht. Da zählen wir nun die Jahrhunderte seit dem Urzustand, und er ist uns auch nach den vielen hundert Jahren noch ganz nah.

Als Iwan Petrowitsch dazukam, waren schon ungefähr

vier Meter abgedeckt. Mit ihm ging es schneller, und sie schafften es: Das Feuer, das mit raschem züngelnden Maul über die innere Dachschräge vordrang, stieß ins Leere, loderte hoch auf, daß sie sich vor der starken Hitze in seiner Nähe niederkauern mußten, aber über die Bresche konnte es nicht mehr hinweg und machte sich dafür nun über das in der Eile vergessene trockene Feinholz her, eine rasche Beute. Der Dachstuhl schwelte schon, flammte aber nicht auf, und wo er in Brand geraten wollte, war Afonja sofort zur Stelle und schlug die Flamme mit seiner Wattejacke aus.

Iwan Petrowitsch wurde nochmals klar: Ein verwegener Kerl war dieser Afonja, einer von ihnen, ein Junge aus dem alten, jetzt überfluteten Dorf, aber schon längst kein Junge mehr – ein Mann.

Sie gingen von neuem an die Arbeit, sahen sich nun öfter und ängstlicher um. Der Bursche, den sie nach der Brechstange geschickt hatten, kam zurück und brachte statt der Brechstange eine Neuigkeit: Man hatte eine beschädigte Ural aus den Flammen geborgen. Ein Motorrad mit Beiwagen, darauf waren sie bei der Forstwirtschaft noch mehr scharf als auf Shigulis. Iwan Petrowitsch kannte den Jungen flüchtig, es gab jetzt viele von ihnen, sie kamen von überall und lebten schon eine ganze Zeitlang hier, aber richtige Bekannte waren sie noch nicht. Entrüstet schrie der Junge: »Also war doch eine da, eine Ural! Für wen die wohl war? Für wen haben sie die versteckt? Ich hab neulich Katschajew gefragt. Keine da, sagte er. Dabei hat sie schon dagestanden!«

Afonja drängte: »Hast du die Brecheisen gefunden, oder was?«

»Nichts da. Gar nichts ist da«, schrie der Junge. »Sehn Sie doch hin: Die Frauen kommen mit Eimern gerannt, der Wasserwagen ist nicht zu finden. Von der Angara schleppen sies mit dem Tragjoch. In so ein Höllenfeuer mit dem Tragjoch. Ebensogut können sie sich nebeneinander aufstellen und reinniesen. Das kommt aufs selbe raus.«

Der Junge berichtete schreiend, wie er als einer der ersten, die dawaren, versucht hätte, die Feuerlöscher in Betrieb zu setzen: »Du drückst ihn ein, wie sich das gehört, und er sagt nicht möff. Keinen Mucks sagt er. Nicht so viel Schaum. Die sind vertrocknet oder verreckt.«

Er schrie ihnen das von hinten zu: Auf Afonjas Befehl gab er ihnen mit derselben Wattejacke weiter Rückendeckung. Von der japsenden, hin und her springenden Stimme wurde einem beim pausenlosen gebückten Arbeiten fast unheimlich. Iwan Petrowitsch kam es vor, als keuche die Stimme nicht aus dem Menschen neben ihm, den Rauch und Hitze würgten, sondern direkt aus den Wänden. Auch wenn Iwan Petrowitsch später an dem langen und heißen Abend, der dann in Nacht überging, schreiende, mitteilende oder fordernde Stimmen hörte, glaubte er immer, da riefen Wände, Erde, Himmel und Flußufer Menschenworte – damit die Menschen sie verstünden.

Als Iwan Petrowitsch das letzte Brett herausgestemmt und abgeschlagen hatte, sah er auf und schaute sich um. Die Flamme hinter ihm schlug hoch empor, erhellte heiß den Hof und ließ ihren weitgreifenden Widerschein auf den Dächern der nahen Häuser tanzen. Kinder sausten stumm und wie besessen über den Hof, und vor den Industriewarenlagern rannten schreiende Gestalten herum, unkenntlich und wie durchsichtig geworden im Flammenschein, die vor dem Feuer einen geordneten Reihentanz aufführten. Dort war die Lohe dadurch gefährlich, daß sie mit langen, wütenden Zungen unterm Dach vorschnellte und die Menschen wirklich wie im Tanz zurückflüchteten und wieder vorlaufen ließ: Hirse, Hirse säten wir, säten wir... Hirse, Hirse dreschen wir, dreschen wir.

Aber auch die Leitung war schon zur Stelle. Neben dem Bereichsleiter stand mitten auf dem Hof der Chefingenieur des Holzgewinnungsbetriebs Koselzow, fuchtelte mit den Armen und stieß sie immer wieder in Richtung Siedlung. Boris Timofejewitsch hörte ihm mal zu und mal nicht und gab jemandem Zeichen, die nur eins bedeuten konnten: noch mehr, noch mehr... Plötzlich, als er einen Traktor auf den Hof preschen sah, rannte er ihm entgegen.

Alles war voller Menschen, fast die ganze Siedlung war zusammengelaufen, aber es hatte sich wohl noch keiner gefunden, der es verstanden hätte, sie zu einer vernunftbeseelten, festen Kraft zu vereinigen, die imstande war, den Brand aufzuhalten.

Die Häuser und Häuschen der Siedlung, weithin vom Feuerschein erhellt, der sie drohend zu mustern schien, schmiegten sich ängstlich an die Erde. Iwan Petrowitsch suchte mit den Augen das Dach seines Häuschens, um abzuschätzen, ob es noch weit dahin sei, und erinnerte sich: der Brandhaken, den er hier hätte gebrauchen können, lag im Vorraum, er hatte ihn vor zwei Tagen, als der Schnee geschmolzen war, selbst dorthin gelegt.

4

Ungemütlich und unordentlich, weder städtisch noch dörflich – biwakartig war diese Siedlung, als hätten sie wie Nomaden auf ihrem Zug von Ort zu Ort hier haltgemacht, um das schlechte Wetter abzuwarten, und wären hängengeblieben. Doch nur auf Abruf – bis das Kommando zum Aufbruch käme – und darum ohne Wurzeln zu schlagen, ohne sich schöner oder im Hinblick auf Kinder und Enkel bequemer einzurichten, sondern nur, um den Sommer über hier zu leben, und danach, um zu überwintern. Die Kinder waren unterdessen geboren worden und aufgewachsen und schafften sich nun selber Kinder an, und mit dem Leben vermehrt sich auch das andere, in das sie für alle Zeit aufgebrochen waren – und das war immer noch wie ein Aufenthalt, wie eine zeitweilige Bleibe, die man nicht heute oder morgen verläßt. Wenn Iwan Petrowitsch nachts das Kraftwerk, die rund um die Uhr stampfende Maschine hörte, kam es ihm vor, als hielte sich die Siedlung in ständiger Bereitschaft, weil sie den Motor nicht drosselte.

Im Siedlungssowjet hing ein Ortsplan: gerade Straßen, Kindergarten, Schule, Post, die Kontore der Holzgewinnung und der Forstwirtschaft, Klub, Läden, Garage, Pumpenhaus, Bäckerei – alles, was zum normalen Leben gehört, alles, wie es sein soll. Die Straßen waren tatsächlich gerade und breit; seinerzeit war die Linie, nach der sich die Häuser ausrichteten, streng beachtet worden. Mehr hatte sich aber von der Ordnung nicht gehalten: die undörflich breiten Straßen waren von den schweren Maschinen zu einer Art Mondlandschaft verschandelt worden, bei Schlechtwetter im Sommer verrührten die Langholzfuhren und Traktoren den Schlamm zu schwarzsahnigem Schaum, der in schweren Wellen auseinandertrieb und danach in Wellen eintrocknete und sich in steinharte Wälle verwandelte, für alte Leute waren das unüberwindbare Berge. Jedes Jahr erhob der Siedlungssowjet einen Rubel pro Haushalt für Gehsteige, jedes Jahr wurden die auch gelegt, aber dann kam das Frühjahr, wenn Brennholz anzufahren war, und von den Gehsteigen, über die die Holzkloben geschleift und auf die sie abgeladen wurden, blieben nur Späne. Im Sommer neue herzurichten nahm man sich nicht die Zeit, im Sommer steht keinem der Sinn danach, die »Trottoirbrigade« machte sich erst zu Winteranfang an die Arbeit. Jungfräulich neu und kaum von einem Fuß berührt, lagen die Bretterbeläge dann drei, vier Monate lang bis Februar, März unterm Schnee – um erneut unter Schlepperraupen und der Last der Holzkloben sinnlos vernichtet zu werden. Oft wurde das Holz dann auf den Resten dieser drei Bretter breiten Trottoirs auch noch zerkleinert – gesägt und gehackt. Und keine Verordnung, keine Anweisung half dagegen.

Nackt, herausfordernd offen, blind und kalt lag die Siedlung da: Kaum ein Vorgarten, in dem mal eine Birke oder ein Vogelbeerbaum Herz und Auge erwärmten. Dieselben Leute, die sich in den alten Dörfern, aus denen sie gekommen waren, kein Leben ohne Grün unter den Fenstern hatten vorstellen können, legten hier nicht mal Vorgärten an, so daß die Straße ungehindert lärmte und in die Scheiben sah. Auch Begrünungsbeschlüsse nützten da nichts. Oder es ist wahr: Wer jedes Jahr Hunderte Hektar Taigawald fällt und nach links und rechts riesige Weiten aufbricht, dem liegt nichts daran, sich hinter einem Faulbaumstrauch vor durchziehenden Winden und neugierigen Blicken zu schützen. So leben wir halt ...

Ein Wort – industrielle Holzgewinnung – erklärte manches von der Liederlichkeit und Lotterigkeit in der Siedlung. Holzfällen ist nicht Ackerbautreiben, wo sich ein und dieselben Arbeiten und Sorgen Jahr für Jahr wiederholen und ein noch so langes Leben immer noch zu wenig ist für den Boden. Ist ein Wald erst mal abgeholzt, geht viel Zeit ins Land, bis ein neuer steht. Bei der heutigen Technik dauert das Abholzen nur Jahre. Und danach? Danach pack deine Sachen und zieh weiter. Laß Häuser, Ställe und Badehäuschen zurück, laß die Gräber mit den Vätern und Müttern und die eigenen durchlebten Jahre zurück und zieh mit Langholzwagen und Traktoren dorthin, wo es noch Wald gibt. Und dort fang alles von vorn an. Wenn Iwan Petrowitsch sommers auf dem Wasser und winters auf dem Eis an Perjosowka vorbeifuhr, sah er jedesmal unwillkürlich wehmütig und verwirrt zu den vernagelten, verlassenen Häusern hinüber und dachte: Dort hat auch so ein Holzgewinnungsbetrieb gestanden, hat seine Zeit gearbeitet und ist verschwunden – keine Menschenseele ist mehr in der aufgegebenen Siedlung, bloß noch völlig verrohte Touristen sind da, machen in den Häusern Lagerfeuer und lassen den Rauch durch die Türen abziehen.

Das gleiche Schicksal erwartet früher oder später auch sie. Sie schoben es hinaus, so gut sie konnten, aber doch nicht für immer... Das Nutzholz, das ihnen zugeteilt worden war, hatten sie schon vor sieben Jahren geschlagen. Sie hatten einen Abschnitt jenseits der Angara bekommen. Nach fünf Jahren hatten sie auch dort an Holz herausgeholt, was irgend möglich war. Danach erhob sich ernsthaft die Frage nach dem Fortbestand der Siedlung. Man beriet im Kreis, im Gebiet, bei der Verwaltung und entschied: sie bleibt. Von neuem gingen sie die Einschläge ihrer alten Parzellen durch, aber während sie früher nur Nutzholz, nur Kiefer und Lärche genommen hatten (es gab eine Zeit, da wurden Birken und Espen als Unkraut ausgerottet), so holzten sie jetzt alles gründlich ab. Dabei wurde eine Technik eingesetzt, die keinen Jungwuchs stehen ließ. Um an einen Baum von genügender Stärke heranzukommen, walzte und drückte allein schon die Fällkombine alles im Umkreis nieder.

Auch mit dem »gründlichen Ausholzen« hatten sie nur noch drei, vier Jahre zu tun. Und weiter? Weiter, hieß es, sollten die Brigaden wie in früheren Zeiten die Saisonarbeiter -zig Kilometer nach auswärts fahren und umschichtig längere Zeit arbeiten und zu Hause abfeiern. Arbeits- und Familienleben sollten in Schichten aufgeteilt werden: eine Woche gehörst du dem Betrieb und eine der Familie. Genau nach Plan. Kein Ineinandergreifen des einen Lebens ins andere wie bis jetzt.

Das kam nun auf sie zu.

Und wie sollte es nicht, wenn es hier keine andere Arbeit gab. Felder und Wiesen, von denen die Leute einst lebten, waren durch den Bau des Wasserkraftwerks überflutet worden – geblieben waren die Wälder.

Da stand nun ein Klub auf dem Plan im Siedlungssowjet, doch der war schon zwanzig Jahre im Gemeinschaftsbadehaus untergebracht, das man aus einer der alten Siedlungen mitgebracht hatte. Ein neuer hätte gebaut werden müssen, aber wie denn bauen, wenn sich bis in die allerletzte Zeit nichts vorhersehen ließ. Auf dem Plan stand ein Kindergarten, aber er war nicht in Betrieb: Es war ungewiß, ob sich seine Renovierung lohnte. Und als man es wußte, ließ man sich Zeit. Über diese Pläne verlangte nie jemand Rechenschaft.

Wie sollte die Siedlung da schön aussehen – noch dazu im Feuerschein eines Brandes?

5

Iwan Petrowitsch kletterte vom Dach und lief zu der Stelle, wo er eben noch den Bereichsleiter gesehen hatte. Er hatte sich vor fünf Tagen ernstlich mit Wodnikow gestritten, als der sich weigerte, seine Kündigung zu unterschreiben, aber Iwan Petrowitsch wußte, wenn hier jetzt einer was ausrichten konnte, dann nur Bereichsleiter Wodnikow. Nicht der Chefingenieur, früher Ingenieur für Arbeitsschutz beim Nachbarbetrieb und vor einem halben Jahr zu ihnen versetzt, nicht der Direktor des Holzgewinnungsbetriebs, falls er da sein sollte (aber er war nicht da, war auf einer Tagung), und auch nicht dessen Stellvertreter – niemand konnte das als der alte Hase Boris Timofejitsch Wodnikow, der Hitzkopf, der nun schon die Tage bis zur Rente zählte. Er spann mit kaum jemandem einen guten Faden, wie auch kaum jemand mit ihm, war oft gereizt, konnte wahllos anbrüllen oder loben, aber das alles war wie ein Rauchvorhang bei ihm, der nur Neulinge täuschte, die ihn nicht kannten. Wer ihn kannte, gab nicht viel auf seine zeitweilige Ungerechtigkeit und sein Gebrüll, denn er wußte, Wodnikow hatte das Herz auf dem rechten Fleck, konnte insgeheim genau unterscheiden, wen er vor sich hatte und wieviel etwas wert war, und machte seine Arbeit möglichst ordentlich. Vom ersten Tag an, die Siedlung war gerade erst gebaut, hatte Wodnikow sich weder verbessert noch verschlechtert, sondern war Bereichsleiter geblieben, was allein schon bewies, daß man auf ihn, der keineswegs hoch gebildet war, nicht verzichten konnte. Mit dem zentralen Bereich unter den Augen der Betriebsleitung fertigzuwerden, die sich überall einmischte und keine Hemmungen kannte, war schließlich nicht leicht!

Iwan Petrowitsch hatte gesehen, daß Wodnikow, nachdem er den Traktor mit dem angetrunkenen Traktoristen weggeschickt hatte, zu dem Haufen in der Mitte des Hofes ging, zu dem man aus dem Feuer gerettetes Lagergut schleppte. Aber jetzt war er dort nicht. Iwan Petrowitsch sah mit stumpfem Blick auf den Haufen: verstreut liegende Filzstiefel, wie in aller Eile von herbeigelaufenen Helfern abgestreift, Schulranzen und gebündelte Schuluniformen, Wolltücher, Wattehosen, irgendwelche Schachteln, etwas abseits übereinandergekippte Motorräder Marke Java und tatsächlich die Ural mit rauchgeschwärztem Beiwagen. Ja, den Leiter der Arbeiterversorgung würden die Männer für die Ural zur Verantwortung ziehen, Krach schlagen würden sie. Was wohl überhaupt nach dem Brand mit dem geschah? Iwan Petrowitsch lächelte flüchtig über seine Naivität: Da gab es keinen Zweifel, der würde sich herauswinden. Solche gehen nirgends unter, die schrecken vor nichts zurück.

»Iwan! Iwan!« hörte er plötzlich Aljona rufen. Sie kam

mit Schachteln im Arm, kam gerannt, aber die Schachteln setzte sie behutsam ab, suchte eine möglichst saubere, trockene Stelle dafür. »Iwan, was geht denn hier vor?« Ihre Stimme war erregt, laut, fast überschwenglich fröhlich, die unnatürlich runden Augen blickten fassungslos, fremd. »So brennt doch alles weg! Und was es da nicht alles gibt! Iwan, warum sind wir so?«

Ohne eine Antwort abzuwarten, sie brauchte auch keine, machte sie kehrt und hastete zurück, watschelte mit kleinen, steifen Bewegungen davon, als ob sie sich immer bei einem Schritt vertrete und beim nächsten rasch wieder finge. Iwan Petrowitsch sah ihr flüchtig interessiert nach, doch er war so vor den Kopf geschlagen und so durcheinander, daß er fast gedacht hätte: Wer ist das? Die kenne ich doch! Aber er riß sich zusammen, zwang sich, Aljona zu erkennen, sich zu sagen, daß die Frau nicht wie eine Besessene herumzurasen brauchte, und vergaß sie auch schon wieder.

Dann sah er Wodnikow. Aber zuvor hörte er ihn brüllen und fand ihn, dem Gebrüll nachgehend, in der erleuchteten und merkwürdigerweise fast reglos erstarrten Menge vor dem ersten Lebensmittellager nach der Ecke. Die ständigen Beschimpfungen des Bereichsleiters war man gewohnt, aber diesmal brüllte er wie ein Verrückter und war deshalb nicht zu verstehen. An der Antwort, die deutlich, wenn auch gleichfalls in Rage gegeben wurde – das Feuer regte alle auf–, erkannte Iwan Petrowitsch, daß die Lagerverwalterin Valja vor dem Chef stand.

»Das tu ich nicht!« erklärte sie heftig. »Löscht. Aufschließen werd ich nicht.«

»Es verbrennt doch, Himmel, Arsch und Zwirn!«

»Löscht. Bin ich vielleicht eine dumme Göre, seh ich vielleicht nicht, wie sie bei Klawka klauen! Alle klauen sie. Und ich habe für über hunderttausend drin. Wo soll ich die dann hernehmen? Wo? Wo?«

»Es verbrennt!« schrie Wodnikow mit überschnappender Stimme.

»Löscht. Zum Aufschließen, damit sie alles wegschleppen, bin ich nicht verpflichtet. Löscht.«

Sie brach in Schluchzen aus.

Iwan Petrowitsch wollte schon zu seinem Vorgesetzten stürzen, da schwenkte der selbst auf ihn zu. Aber er trat nicht zu ihm, sondern zu dem Warenhaufen aus den Industriewarenlagern, um den Iwan Petrowitsch immer noch kreiste. Hinter dem Chef hielten sich in Erwartung eines Befehls ein paar Archarowzer bereit, wie die Brigade der Abteilung Umsiedlung und Arbeitskräftelenkung in der Siedlung hieß. Und wahrhaftig, Wodnikow war noch keine fünf Schritt auf den Haufen zugegangen, da rief er schon, ohne sich umzudrehen, er wußte sich auch so gehört und verstanden: »Aufbrechen!«

Die Archarowzer stürmten zurück: Solche Arbeit war nach ihrem Geschmack.

»Wo ist Katschajew?« schrie Wodnikow in Iwan Petrowitschs Richtung. »Deibel noch mal! Himmel, Arsch und Wolkenbruch! Das sind seine Lager. Wo treibt er sich rum?«

Katschajew war der Leiter der Arbeiterversorgung. Wodnikow wußte besser als jeder andere, daß Katschajew vor zwei Tagen mit dem Betriebsdirektor zu einer Routinetagung in die Stadt gefahren war. Das hieß, auch er, Wodnikow, war verbiestert, sonst wäre er nicht mit

Gebrüll und mit den Fäusten auf einen Schatten losgegangen. Da geriet man schon durcheinander, da fand man sich selbst nicht mehr, geschweige denn diesen Katschajew: So etwas war noch nicht dagewesen.

Als Iwan Petrowitsch in Wodnikows hageres, schwarzes, wie verbranntes Gesicht mit der jetzt scharf hervortretenden Nase und den eingesunkenen Wangen sah, vergaß er völlig, was er von dem Bereichsleiter gewollt, wozu er ihn gesucht hatte, und sagte das, was jetzt vor allem wichtig war: »Hör zu, Timofejitsch, stell Onkel Mischa Champo ans Tor. Auch der Wächter soll sich mit hinstellen, dazu ist er da. Aber Champo unbedingt. Er ist hier. Ich hab ihn eben da drüben rechts gesehen.«

Wodnikow preschte in die Richtung, in die Iwan Petrowitsch zeigte, ohne sich auch nur nach ihm umzudrehen, er begriff vielleicht nicht mal, daß er auf einen Rat hin handelte und nicht aus eigenem Entschluß. Iwan Petrowitsch sah, wie er Champo ansprach, ihn eilig zum Tor brachte und ihm im Gehen erklärte, was er sollte. Onkel Mischa Champo nickte gewichtig als Antwort, wozu er sein großes, ergrautes Haupt weit in den Nacken legte und tief nach vorn sinken ließ; dabei spähte er schon in die Menge am Feuer und merkte sich die Leute, auf die besonders achtzugeben war. Natürlich war Onkel Mischa dort genau der Richtige, auf Champo war Verlaß. Die Lagerverwalterin Valja hatte gewußt, wovon sie sprach. Erst recht jetzt, wo man die Lebensmittellager öffnen würde...

Da knirschten und krachten auch schon die Riegel – unter dem verzweifelten Gejammer Valjas, die völlig von Sinnen war ob des Unheils, das über sie hereinbrach, die nirgends mehr Rettung sah – weder darin, selbstredend, daß ihre Waren hinter verschlossener Tür verbrannten, noch darin, daß sie herausgetragen werden sollten. Die erste Tür ging auf, die zweite: an der dritten, deren Riegel nicht nachgab, wurde das riesige Schloß mit dem Beil abgeschlagen. Die Archarowzer hantierten rasch und geschickt – als hätten sie ihr Leben lang nichts getan, als Riegel aufzubrechen. Iwan Petrowitsch rannte hin und stieß in der weit aufgerissenen Tür des letzten Lagers rechts mit einem von ihnen zusammen, es war Saschka Neun (Neun war sein Nachname, kein Spitzname – bei den Archarowzern war alles verdreht, auch jeder zweite Familienname), und Saschka, begeistert und verschwitzt, klopfte ihm fröhlich mit einem raffinierten Trick auf die Schulter, wodurch er Iwan Petrowitsch unversehens zu sich herumzog, und schrie ihm verwegen und fast freundschaftlich ins Gesicht: »Nicht hierher. Nicht hierher, Bürger Moralprediger. Wenn du verbrennst – wer soll uns dann Moral predigen?«

Diese Burschen, die das Lagerleben kennengelernt hatten oder diejenigen nachahmten, die es kannten, nannten ihn auf Lagerart Bürger Moralprediger. Er war das gewohnt. Die Zeit ist nun mal so: Man muß sich an alles Mögliche gewöhnen, woran bis vor kurzem nicht mal zu denken war.

Zum Beispiel daran, daß einem der Boden unter den Füßen versinkt. Wie das bei ihnen und mit ihnen buchstäblich geschehen war.

6

Zwanzig Jahre war es her, seit sie umgesiedelt waren, sogar noch länger, die Erde hatte sich bestimmt schon in die Richtung geneigt, in die es sie getrieben hatte, aber es verging kein Tag, an dem sich Iwan Petrowitsch nicht an sein altes Dorf erinnerte. Er erinnerte sich jedesmal, wenn er, absichtlich oder unabsichtlich, einen Blick aufs Wasser warf, unter dem der drei Jahrhunderte lang vom Dorf gewärmte Platz lag. Er erinnerte sich flüchtig, wenn er im Vorüberfahren wie zum Gruß hinübernickte, wie auch unter düsterem Grübeln, wenn er durch Vergleichen zu ergründen suchte, was vorging, was für ein Leben sie dort geführt und wie weit sie es hier gebracht hatten.

Er trug sogar einen Namen, der Teil des Dorfes war und von ihm stammte: Jegorow. Jegorow aus Jegorowka. Besser, Jegorow in Jegorowka. Nur einmal war er für länger aus seinem Dorf herausgekommen – im Krieg. Zwei Jahre hatte er an der Front gekämpft und ein weiteres, weil er ledig war, nach dem Sieg in demselben Deutschland Besatzungsdienst geleistet, in das ihn das Schicksal in einem T 34 verschlagen hatte. Heimgekehrt war er im Herbst 1946. Bis heute war in ihm das Gefühl lebendig, mit dem er seinem Jegorowka damals nach der Trennung wiederbegegnet war: Großer Gott, es steht ja nicht, es liegt! So unansehnlich und vernachlässigt war es ihm erschienen. Was hatte er im Krieg nicht alles mit ansehen müssen – Unglück, Armut und Verwüstung, alles ringsum schrie vor Leid und flehte um Hilfe, vieles war verunstaltet und aus den Fugen, aber selbst angesichts der erschreckendsten Zerstörungen hatte es noch einen Hoffnungsschimmer gegeben: Habt Geduld, mit etwas Zeit und Arbeit belebt es sich wieder, wird wieder aufgebaut, der Mensch duldet keine Trümmer. Hier dagegen war alles unverändert geblieben und schien für immer stillzustehen. Es fehlte nichts, aber es war auch nichts dazugekommen – sollte es wohl auch gar nicht. So ergab es sich dann auch: Noch fünfzehn Jahre hatten sie nach dem Krieg dort gelebt, doch wie Jegorowka einst mit vierzig Höfen zugeschnitten worden war, so blieb es auch, und die Löcher im Dorf wurden mit keinem Badehaus, keinem Schuppen mehr geflickt. Freilich hatten sie von der Überflutung vorher erfahren, und von da an dachte keiner mehr ans Bauen, von da an nahm jeder die Beine in die Hand und sah zu, wo er hinkonnte – der eine wollte mit dem Häuschen höher bergauf, wo Pilze zu holen waren, der andere dem Sohn oder der Tochter nach in die verlockende Stadt.

Damals nach der Demobilisierung, das wußte er noch, war der ordengeschmückte, kampferprobte tapfere Unterfeldwebel mit der Panzerhaube, nachdem er die Heimkehr gebührend gefeiert hatte, schwermütig geworden. Zu Hause ist zu Hause, keine Frage, da hat dich jeder Stein schon vor deiner Geburt geahnt und erwartet, da bringt dir jedes Kraut mit dem neuen Frühling eine Warnung oder Bestätigung von einst, da bist du überall und bei allem unter leiser, althergebrachter Obhut. Aber wenn du dir vorstellst: immer dasselbe, immer dasselbe, immer dasselbe... Wenn du dir das vorstellst, zumal in der ersten Zeit, dann ist dir, als wärst du aus dem Krieg nur heimgekommen, um friedlich zu sterben.

Doch das Grübeln und Zaudern kostete ihn so viel Zeit,

daß er hier noch eine Wahl zugunsten Jegorowkas treffen konnte. Bald danach kam der Hunger, vor dem man sich immerhin hier, an der Angara und in Taiganähe, eher retten konnte; bald traf er im Nachbardorf auf Aljona, die ihn so unerfahren und naiv mit ihren ohnehin großen Augen anglubschte und so erschrak, als er sie zum erstenmal unterfaßte, daß er keine andere mehr suchte. Bald erhielt der Kolchos einen neuen Lkw, den keiner fahren konnte als er, bald legte sich seine Mutter mit einer schweren, langen Krankheit nieder, und damit versperrte ihm auch das Schicksal den Weg aus dem Dorf. Dann ging es ihm wie allen: die Kinder, die Arbeit, ein langsames und vorsichtiges Einschwenken auf ein leichteres und lustigeres Leben.

Iwan Petrowitsch gewöhnte sich nicht gerade ein, sondern fühlte sich wie von einem Teufel erlöst, den jemand auf ihn angesetzt hatte und der ihn auf ein vages Versprechen hin immer weiter mit sich zog, und seufzte vor Erleichterung. Es ist überall schön, wo wir nicht sind. Im Leben ist vielleicht das Wichtigste, daß jeder auf dem für ihn vorherbestimmten Platz die rechte Richtung hält und nicht ziellos umherkurvt oder seinen Weg durch unentschiedenes, sprunghaftes Suchen zum Knoten schlingt.

So hatte er gedacht. Er dachte auch jetzt noch so, aber was tun, wenn man sich auf seine alten Tage dreinfügen muß wider die eigenen Überzeugungen und Wünsche zu gehen. Sich dreinfügen muß – dies nicht des stärkeren Ausdrucks wegen, sondern weil es so ist.

Ja, noch eins. Der Teufel, von dem er sich seinerzeit erlöst fühlte, hatte sich nicht allein davongemacht, sondern Goschka, Iwan Petrowitschs jüngeren Bruder, mitgehen heißen. Goschka war zum Bau gegangen und dort schließlich durch das viele Geld zum Säufer geworden.

Wenn uns doch einer beizeiten verriete, wo sie sind, unsere Wege.

Iwan Petrowitsch war in Jegorowka geblieben, hatte sich eingelebt, war zur Ruhe gekommen und hatte ein bißchen unter der Abgeschiedenheit des Dorfes gelitten, in die mit den Jahren auch ein wenig Licht kam: Elektrische Leitungen wurden gelegt, die weißen Dampfer stubsten öfter ans Ufer von Jegorowka, acht Kilometer stromaufwärts erschien, wie eine Drohung vor Jegorowka gesetzt, ein reicher Holzgewinnungsbetrieb, der junge Leute anlockte – und das Leben verwandelte sich hier wie überall aus einer ganzen Zahl in einen Bruch mit Zähler und Nenner, wo schwer zu sagen ist, was über und was unter dem Bruchstrich steht, auch hier wäre alles allmählich angekurbelt worden, wenn schon mal für alle die gleiche Zeit angebrochen war... Als dann die Nachricht von der Überflutung einschlug, als der Übersiedlungstermin kam – zugegeben, Iwan Petrowitsch fiel die Trennung von Jegorowka schwer, wie es eben jedem geht, der ein Herz und ein Gedächtnis hat, zugleich aber stellte er sein Haus am neuen Ort mit der heimlichen Genugtuung auf, daß nicht er entschieden hatte, sondern für ihn entschieden worden war. Dort war es gut gewesen, und hier mußte es mit den Jahren besser werden. Aus eigener Kraft wäre Jegorowka sicher nie auf die Beine gekommen.

Die neue Siedlung, die sechs ebenso jämmerliche Nester wie Jegorowka aufnahm und wo sofort ein Holzgewinnungsbetrieb Fuß faßte, wurde nach den umfangreichen Wäldern – und aus heutiger Sicht nach dem Rohstoff – Sosnowka, Kiefernort, genannt.

7

Wenn man schon die Riegel abriß, hätte man es früher tun sollen. Als Iwan Petrowitsch in das letzte Lebensmittellager rechts eilte, stand dort alles in hellen Flammen. Über der rissigen Decke tobte beängstigend mächtiges, vielstimmiges Geheul; an der Eckwand waren an einem Ende ein paar Deckenbalken herabgestürzt, und in der Lücke stieß das Feuer mit wütendem Gepuff ins Leere. An der Ecke brannte die Wand von oben bis unten, an sie heranzukommen war unmöglich, die übrigen Wände qualmten schon; wo die Decke noch hielt, fegte das Feuer streifig durch die Risse und sprühte knisternd Funken. Alles war bis zum äußersten erhitzt und konnte jeden Moment in Flammen aufgehen. Außer nach Rauchgas roch es nach geschmortem Fleisch und nach etwas Bitterem und Scharfem, Eßbarem, das solches Erhitzen nicht vertrug.

Iwan Petrowitsch war hier früher nie hereingekommen und staunte nun mit aller Verwunderung, die er noch aufbrachte, über diese Fülle. Auf dem Fußboden waren Pelmeni zu einem großen Haufen aufgeschüttet, daneben lagen, ebenfalls auf den schmutzigen Dielen, von den Eingedrungenen schon auseinandergeworfen, dicke, häßlich aufgeblähte, groß zusammengeschnürte Wurstringe; auf einem niedrigen Podest an der Rückwand schmolzen schwere Butterwürfel, wurden runzelig und zogen das Packpapier in sich hinein, daneben guckte roter Fisch aus übereinandergetürmten Kisten. Etwas war in Holzfässern, anderes in Kartons, wieder anderes in Papiersäcken. Also gab es das, gab es das doch! Wo ging denn das alles hin? Wirklich nur auf die Verpflegungsstellen der Holzfäller? Das konnte man jemand anderem erzählen – als ob er nicht in solchen Verpflegungsstellen gegessen hätte und nicht wüßte, was es dort wirklich gab und was nur im Traum! Iwan Petrowitsch lachte bitter, ein halbverkohlter Gedanke ließ ihn seinen Unverstand belächeln: Und die Autos aus der Kreisstadt und von überallher, die jeden Tag, den Gott werden läßt, zufällig vor der Arbeiterversorgung halten und Katschajew aus dem Kontor holen! Die bemühen sich doch nicht umsonst um gemeinsame Zentrallager für alle drei Holzgewinnungsbetriebe, natürlich in der Kreisstadt! Iwan Petrowitsch nickte oder dachte, er müßte nicken: Jetzt, wenn diese verbrennen, die größten im größten Betrieb, werden sie das mit Leichtigkeit durchsetzen.

Wieviele Tagediebe und Abstauber es doch auf der Welt gibt! Wie ist es nur gekommen, daß wir uns denen ausgeliefert haben, wie nur?

Iwan Petrowitsch hüllte sich in die Wattejacke und trippelte vor Hitze, während er schleimig-glitschige Wurstringe, die sich schon zusammenzogen, zur Tür hinauswarf. Draußen hob sie jemand auf und trug sie weg, Iwan Petrowitsch sah nur die hin- und herrennenden Beine in Segeltuchstiefeln. Neben ihm waren auch Leute, aber wer, konnte er nicht erkennen; von Zeit zu Zeit stießen welche zusammen und prallten zurück – die Hitze wurde immer unerträglicher, das Feuer drang an der Decke und den Wänden rasch nach links vor, die Augen tränten, es kratzte im Hals, selbst der Rauch, den man atmen mußte, schien zu brennen. Etwas zischte laut wie in einer Bratpfanne, etwas detonierte granatengleich; ein weiterer Deckenbalken brach oben an einem angekohlten Ende ab, baumelte feuersprühend und brach auch mit dem anderen ab. Es war Zeit, sich zurückzuziehen. Die Wurst war, scheint's, hinausgeworfen, die Fischkisten hatte man hinausgeschleift, aber als Iwan Petrowitsch zum Podest an der Rückwand schaute, wo die Kisten gestanden hatten, sah er dort Butter und rannte stöhnend hin – die Butter hätte er bergen sollen, nicht die Wurst. Er packte einen der zusammengerutschten Würfel, aber die Butter versengte ihm die Hände, lief ihm wie Teig über den Bauch und glitschte ihm als Flatschen vor die Füße; er setzte sie ab, hob sie nochmals auf, schob sie sich auf die Brust, bog sich nach hinten – und trug sie hinaus, reichte sie an andere Hände weiter. Diese Hände steckten in Schutzhandschuhen, und Iwan Petrowitsch bereute, daß er nicht daraufgekommen war, seine von zu Hause mitzunehmen – wie gut hätte er sie gebrauchen können! Er ging wieder hinein, immer noch in die Wattejacke gehüllt und daraus hervorlugend wie hinter einem Schild, wollte abermals auf die Rückwand zu, wo noch Butter lag, doch auf halbem Wege sprang jemand zu ihm und zerrte ihn zurück, wobei er ihn bald als Schutzschild benutzte, bald ihn schützte. Iwan Petrowitsch wehrte sich nicht, er sah ein, es reichte nun.

Der Jemand entpuppte sich im Freien als Saschka Neun. Saschka grinste und krächzte wieder dasselbe: »Du wirst verbrennen, Bürger Moralprediger! Oje, du wirst verbrennen!«

Dann stieß er Iwan Petrowitsch von sich.

8

Niemand löschte mehr, wie es aussah – das hatte man aufgegeben und schleppte nur heraus, was noch herauszuschleppen war. Der Wasserwagen stand mit laufendem Motor und schlaffem Schlauch, aus dem Wasser sickerte, am Tor; der ganze Hof war hell erleuchtet, und Iwan Petrowitsch, der die Pfütze unter dem Schlauch sofort bemerkte, rannte hin, ihm war, als könne er es ohne Wasser nicht mehr aushalten. Er wusch sich das Gesicht, das nur noch heftiger brannte, und trank ein paar Schluck aus der hohlen Hand, zwei oder drei nur, dann war das Wasser alle, im Schlauchdarm fauchte es hohl, zischte und blieb still. Er schüttelte den Schlauch, zog daran und hielt die Hand darunter – leer.

Nein, die Industriewarenlager waren nicht zu retten: Das Feuer hatte dort mit sattem und mächtigem Getöse in breiter Front die Mitte erreicht und drang weiter vor. Der Dachschiefer zerplatzte durch die Hitze, daß die Splitter knallend nach allen Seiten flogen, so wie Nüsse in einer erhitzten Bratpfanne springen und knallen. Auch Glutstückchen sausten umher. Sich in der Nähe aufzuhalten war gefährlich, einer der Männer verjagte daher mit Gebrüll die Kinder, die vor seinen fuchtelnden Armen ausrissen, aber wie wahnsinnig mit weit aufgerissenen

Augen wieder zurückdrängten, vom Feuer gleichsam magnetisiert. Iwan Petrowitsch versuchte unter den Gestalten, die über den Hof jagten und immer noch Sachen herausschleppten und weiter fort schafften, Aljona zu erspähen – sie war nirgends zu sehen. Der Haufen geborgenen Guts wuchs. Inzwischen war man zum Haushaltswarenlager vorgedrungen; Sensen, Töpfe und Geschirr klirrten, Eisenblech krachte. Großer Gott, mußte das, gerade das denn gerettet werden ... Oder hatten die Leute recht, daß man ohne Teekessel und Bratpfanne nicht auskommen kann, wohl aber ohne Kühlschrank und Fernseher?

Da splitterte und erzitterte der Zaun zwischen den Lagerhäusern und dem Laden, das nächstgelegene Feld stürzte nach innen und gab den Blick auf die Straße und die Zugmaschine frei, die zurückfuhr und zu einem neuen Rammstoß ansetzte. Das ist richtig, dachte Iwan Petrowitsch, die Lager sind verloren, aber der Laden ist noch zu retten, bis zu ihm ist es von den Lagerhallen ein ganzes Stück. Neben der Zugmaschine lief Koselzow, der Chefingenieur, hin und her: Es mußte also wohl sein Einfall gewesen sein, den Zaun niederzureißen, der dem Feuer als Pfad dienen konnte.

Jammerschade um die Industriewarenlager, um die japanischen Blusen und die einheimischen Bratpfannen – obwohl, würde denn soviel in der Gluthölle bleiben, gemessen an dem Geborgenen? Aber die Lebensmittellager, die von den rechten etwas weiter weg lagen, wären auch jetzt noch zu retten gewesen, wenn mehr Ordnung geherrscht hätte und ein Löschfahrzeug dagewesen wäre. Doch die »Feuerspritze«, die einzige im ganzen Holzgewinnungsbetrieb, war schon vor zwei Jahren für Ersatzteile ausgeschlachtet worden und stand nur noch auf dem Papier.

Iwan Petrowitsch spähte immer noch hastig umher, er mußte Aljona finden, ehe er sich von neuem ins Feuer stürzte, da tippte ihn Onkel Mischka Champo auf die Schulter.

»Champo ... Champo!« stieß er mühsam hervor und wies mit der linken, gesunden Hand in den Hof. In der linken Ecke stand, vom Feuerschein seitlich und von hinten erhellt, halb aufrecht und zu einem riesenhaften Gespenst verzerrt, ein Mann und warf Flaschen über den Zaun wie Handgranaten. Iwan Petrowitsch rannte auf ihn zu, aber noch vor ihm erreichte Wodnikow, der irgendwoher von rechts hervorschoß, den Mann, sprang ihn brüllend an, zerrte an ihm, riß ihn fast um und wollte erneut auf ihn los. Der andere holte mit einer Flasche aus. Er hätte vielleicht auch zugeschlagen, was kann in solch einem Moment nicht alles passieren, wäre Iwan Petrowitsch nicht gekommen, der die Flasche gerade noch abfing. Es war einer von den Archarowzern, einer der verwegensten, dem sie merkwürdigerweise den Weibernamen Sonja gegeben hatten und mit dem Iwan Petrowitsch schon verschiedentlich aneinandergeraten war. Sonja riß Iwan Petrowitsch die Flasche aus der Hand, schleuderte sie beiseite und drohte in der unter solchen Leuten üblichen anzüglichen Art in gedehntem Tonfall, wobei er über ihre Köpfe wies: »Ooh, wie heiß das brennt! Ooh, glühend heiß! Au, das tut weeeh!«

Breitbeinig stakte er davon, zum Brandherd.

»Wo bist denn du gewesen?« Iwan Petrowitschs Chef

fiel nichts Besseres ein, als ihn anzufahren. »Wo seid ihr alle, der Teufel soll euch holen! Wo habt ihr eure Augen?«

»Im Badehaus war ich«, gab Iwan Petrowitsch im gleichen Ton zurück. »Geh du doch auch hin, kühl dich ab, statt einen anzumeckern! Paß lieber auf, wen du angehst!«

Hinter dem Berg ging riesengroß der Mond auf. Er rollte hinter dem Wald vor und schob sich nach rechts, und wie auf einer Leinwand tauchten die Baumwipfel in ihn ein und verbrannten in seiner kalten Glut.

9

Heute läßt sich wohl nicht mehr ausmachen, wie und wodurch es zur Abkehr vom Althergebrachten, zur heutigen Lockerung der Sitten kam. Dabei war es anfangs nicht so, auch in der neuen Siedlung war es nicht gleich so, daß jeder seiner Wege ging und einem eingespielten Gemeinschaftsleben den Rücken kehrte, dessen Stärke aus nicht erst gestern ersonnenen Bräuchen und Gesetzen erwachsen ist. Hatten im Krieg und in den harten Nachkriegsjahren nicht gerade diese Gesetze, dieser Zusammenhalt im alten Dorf Zuflucht und Rettung bedeutet, als man für zehn Kornähren schlankweg zu zehn Jahren verurteilt wurde? Als die Steuern den Bauern über den Kopf wuchsen, als den »Säumigen« die Gemüsegärten beschnitten wurden, damit auf dem abgetrennten Land Brennesseln wucherten, und sie bis zum ersten Schnee nichts für ihre Kuh darauf mähen durften? Als es nottat, nicht nur zusammenzuhalten, sondern auch zusammen auf Draht zu sein, um zu überleben? Auch in ihrem Dorf hatte es ja alle möglichen Leute gegeben, von denen es wohl so manchen gejuckt hatte, zu melden und zu hinterbringen, die Gesetze einzuhalten und brav zu tun, was verlangt wurde. Einen juckt's immer. Aber so einer hatte auch gewußt: Im Dorf gab es danach kein Leben mehr für ihn. Jegorowka würde ihm das nicht verzeihen.

Nun aber mußte Iwan Petrowitsch fort, und wie hatte sich alles verändert! Auf den Kopf gestellt worden war alles, kann man sagen, und woran sie sich noch vor kurzem allesamt gehalten hatten, was ungeschriebenes Gesetz, fester Grund gewesen war, hatte sich in etwas Überlebtes, Anormales, ja, fast in Verrat verwandelt. Und Sosnowka würde es einerlei sein, Sosnowka würde es vielleicht sogar als ruhiger und angenehmer empfinden, wenn Iwan Petrowitsch endlich ging und aufhörte, das Wasser zu trüben. Oder umgekehrt, ja, natürlich: Wenn er nicht mehr wie ein verrückt gewordener Alter, der sich von Kindheit her an sauberes Wasser erinnert, so viel Gewese darum machte, daß es auch heutzutage noch sauber bleiben sollte, wo alles ringsum trübe ist. Und wenn schon vom Wasser geredet wird, so ist das ja bekanntlich nicht dann sauber, wenn es wirklich sauber ist, sondern wenn man es sauber sehen will. Dazu braucht man sich nur eine ausgeklügelte Optik auf die Nase zu setzen.

Nein, es war nicht gleich alles schief gelaufen, als sie hergezogen waren. Zwar hatte sich die neue Arbeit ausgewirkt: Holz fällen, immer nur fällen, ohne sich darum zu scheren, was danach bleibt oder wächst. Auf den Holzschlägen Schonungen anzulegen wird erst neuerdings zur Pflicht gemacht, aber wie sieht das aus: Du bist ungefähr ebenso dazu verpflichtet, wie du von Zeit zu Zeit an den Tod denken müßtest, um anständiger zu leben, aber du brauchst auch nicht an ihn zu denken, brauchst eben nur zu leben, und das heißt, Holz zu schlagen. Erfüllst du den Aufforstungsplan nicht, wird dir der Kopf gewaschen, ist es aber der Plan für Abholzen, gerbt man dir das Fell. Daher wurde es mit den Jahren gang und gäbe – und ist bis heute noch so –, daß sich mit solchem Schnickschnack wie Aufforsten die Forstwirtschaft zu befassen hat, und die hat dreimal soviel Arbeit wie andere Leute und ist nicht imstande, auch nur eine Sache zu Ende zu bringen.

Zuvörderst wurde für jedes Dorf in Sosnowka eine Straße gebaut, man wollte auch in denselben Dorfgemeinschaften leben wie bisher. Verwitweten Frauen und alten Leuten wurde, wie es Brauch war, vom ganzen »Kolchos« unter die Arme gegriffen, man half ihnen, die Häuser umzusetzen und Gärten anzulegen. Durch die Gärten wurden Pfade getreten, damit man sich, ohne erst auf die Straße zu müssen, mit einem Anliegen oder auch ohne rasch mal besuchen konnte, wenn sich ein Viertelstündchen für einen Schwatz oder eine Tasse Tee erübrigen ließ. Bei Sonnenuntergang war oft im ganzen Umkreis zu hören: »Darjaa! Marjaa! Der Samowar ist soweit! Nataljaa! Kommst du nicht mit zu den Kriwoluzkern?«, was soviel hieß wie zu der Straße am Berg, wo sich das Dorf Kriwoluzkaja angesiedelt hatte.

Später vermengte sich alles. Schlimm war nicht, daß nach Todesfällen, Hochzeiten, Teilungen und Verkäufen ein Dorf allmählich ins andere überging, ohne ein solches Verschmelzen ist das Leben nicht denkbar; von Übel war, daß sich statt der Weggegangenen und Weggetragenen leichtlebiges Volk ansiedelte, das sich keine Wirtschaft, ja, nicht einmal ein Gärtchen zulegen mochte, das nur einen Weg kannte – in den Laden: um zu essen und die Zeit von einem Arbeitstag zum anderen totzuschlagen. Anfangs nur die Zeit nach Feierabend oder vor Arbeitsbeginn, doch dann nahm man auch die Arbeitszeit dazu, stellte das Einkaufen über dic Arbeit – und je länger das ging, um so toller und zügelloser wurde es. Der Arbeit bckam das verständlicherweise nicht – sie klappte nicht mehr, auch waren aus den alten Dorfgemeinschaften längst andere geworden, die man sich früher nicht hätte vorstellen können. Natürlich hatte es Trunkenbolde gegeben, wo gab es die nicht im heiligen Rußland, aber daß sie sich zu einem Klüngel zusammenschlossen und sich ganz offen zu einer machtausübenden Gewalt mit Ataman und Sowjet auswuchsen, die nichts fürchtet und keine Scham mehr kennt – das war noch nicht da, das hatte es noch nicht gegeben. Das waren schon unsere eigenen Errungenschaften.

Kürzlich hatte der Schulleiter, Juri Andrejewitsch, der schon in Jegorowka Lehrer gewesen war, mal nachgerechnet, wieviel Männer in den sechs Dörfern, die sich zu Sosnowka vereinigt hatten, im Krieg gefallen und wie viele in den letzten vier Jahren eines unnatürlichen Todes gestorben waren. Eines unnatürlichen Todes – das heißt, im Suff durch Schießereien oder Messerstechereien umgekommen, ertrunken oder erfroren, auf den Holzschlägen durch Unachtsamkeit oder fremdes Verschulden verunglückt. Die Zahlen unterschieden sich nur wenig. Iwan Petrowitsch ächzte, als er das hörte: Da hast du die Friedenszeit! Dabei hatte er doch gewußt von all diesen Fällen, sie hatten ihn mitgenommen – immer verändert sich etwas in der Welt, wird sie gleichsam dunkler, wenn ein Bekannter aus dem Leben geht, und mit seinem Weggang erschlafft etwas in dir, und sei er noch so ein Hallodri gewesen–, er hatte gewußt von jedem einzelnen Fall und sich gegrämt, aber zu einer Ziffer zusammengefaßt und neben die andere gestellt, wirkten sie niederschmetternd auf ihn. Tagelang lief er verstört umher, versuchte etwas zu begreifen und begriff nur, daß es nicht zu begreifen war, nichts war zu begreifen von dem, was er dieser schrecklichen Gleichung zu entnehmen suchte. Noch etwas war wichtig: Ein an der Front Gefallener mahnt zur Gerechtigkeit und Güte, hinterläßt das alles mit seiner Seele und den Erinnerungen, die seine Leute an ihn haben, hinterläßt es, damit sie weiter geübt und fortentwickelt werden; ohne daß wir es ahnten, hat uns diese Hinterlassenschaft der Gefallenen, dieses ihr einziges Vermächtnis, das wir dank unserer menschlichen Natur nicht umhin konnten zu erfüllen, vielleicht noch zwanzig Jahre nach dem Krieg Halt gegeben. Das ist höher und stärker als wir. Wer sein Leben dagegen aus Unverstand und blinder Verzweiflung für einen Pfifferling verschenkt, hinterläßt auch Unverstand, Haltlosigkeit und Verzweiflung. Der Tod ist ein gebieterischer Lehrer, und die Seite, auf die er sich stellt, wenn er seines Amtes waltet, die des Guten oder die des Bösen, hat davon fünffachen Gewinn.

In den ersten Jahren bestand der ganze Holzgewinnungsbetrieb nur aus diesem einen Bereich. Danach nahm ein zweiter, dann ein dritter und vierter die Arbeit auf, und allein an der Uferlinie erstreckte sich der heutige Abholzbetrieb gut hundert Kilometer weit. Jetzt holzt ein einziger Bereich im Jahr mehr als hunderttausend Festmeter ab.

Der Plan ist in die Höhe geschnellt, immer mächtigere, kompliziertere und wendigere Technik wird eingesetzt, mit den eigenen Leuten kommt man nicht mehr aus. Saisonarbeiter und Pfuscher rollen an, die einen auf gutes Geld bedacht, die anderen auf mehr Freizeit, die sie egal wie und egal wo verbringen. Hauptsache sie haben welche. In den letzten Jahren sind eine besondere Art Leute in Erscheinung getreten, keine ganz verdorbenen, keine endgültig verlorenen, die nicht Geldgier zu unaufhörlichem Ortswechsel treibt und die das Geld, das ihnen zufällt, sofort und mit Leichtigkeit durchbringen und sich von einer geradezu sektiererhaften Verweigerungssucht und Gleichgültigkeit gegenüber jeder Arbeit treiben lassen. So einer nimmt weder Hilfe an noch hilft er anderen, er lebt auf Sparflamme, ohne Familie, ohne Freunde oder Sympathien für irgend jemanden, unter einem Druck, als büße er mit dem Leben eine Strafe ab. Von so einem hieß es früher: Der hat nicht alle Tassen im Schrank, heute kann man sagen, er ist in sich selbst versponnen, schwört auf die Einsamkeit. Was in diesen Seelen vorgeht, wem sie gehören, läßt sich nicht ergründen.

So kommen und gehen, kommen und gehen sie im Frühjahr, wenn das winters von den Bergen geholte Holz abgefahren werden muß, und im Herbst, wenn neues zu fällen und zu holen ist, und wenn sie nicht bleiben, dann nicht, weil sie irgendwelche Entbehrungen nicht ertrügen, sondern schlicht, weil sie außerstande sind einzusehen, wozu und weshalb sie bleiben sollten, weil sie von einer unklaren und unerträglichen Unruhe getrieben sind. Wenn sie dann wegfahren, steht ihnen tiefe Schwermut in den Augen: wohin? weshalb? Doch sie fahren, und die Dagebliebenen erinnern sich nur noch wegen der verrückten Einfälle an sie, worin sie groß waren, etwa, daß so ein Künstler einen Tisch samt Esserei mit den Zähnen hochhob – ein anderer Brot in Wodka brockte und den Brei auslöffelte, ohne mit der Wimper zu zucken, oder wieder ein anderer die Mädels in der Post gern mit Telegrammen erschreckte, die wie chiffriert klangen: »Den dritten Tag Regen, was jetzt?« oder »Nach November kommt Dezember, verwechsle das nicht« oder »Wart nicht auf mich, aber ich kehr zurück«. Das alte Jegorowka hatte in seinen dreihundert Jahren vor der Überflutung nicht den tausendsten Teil der Kunststückchen und Mätzchen erlebt, die Sosnowka in zwanzig kennenlernte und die allem Anschein nach noch nicht zu Ende waren.

Das war freilich das Unschuldigste, Harmloseste von allem, woran man sich erinnern konnte. Man konnte sich auch erinnern, wie es dem Förster Andrej Solodow ergangen war. Solodow hatte kraft der ihm verliehenen Amtsgewalt vor zwei Jahren den Holzgewinnungsbetrieb für die fast hüfthohen Baumstümpfe bestraft. Bei tiefem Schnee hatte man sich das Freischippen erspart und entgegen der Vorschrift die Säge angesetzt, wo es am leichtesten war, und dem sonst verträglichen Andrej war nach langen Vorhaltungen und Warnungen der Kragen geplatzt: Bitteschön, wenn ihr menschliches Zureden nicht versteht. Am Freitag wollte die Kassiererin in der Stadt den Lohn abholen, kam aber unverrichteterdinge zurück: Die Bank hatte dem Holzgewinnungsbetrieb zur Strafe die Mittel gesperrt. Am Sonnabend heizte Andrej wie gewohnt das Bad, wusch sich und legte sich schlafen, und in der Nacht brannte das Badehaus ab. Durch Unvorsichtigkeit,

Unachtsamkeit des Besitzers sollte man denken: Er hatte doch geheizt, gebadet, sich dann aufs Ohr gelegt und war eingekokst. Am Montag fuhr die Kassiererin wieder zur Bank und kam abermals mit leerer Tasche zurück. Sie solle bis Mittwoch warten, hieß es, dann würde entschieden, woher man das Geld nähme. Doch am Mittwoch wurde sie auf Freitag vertröstet. Am Mittwoch wurde Andrej Solodows Stute vom Forstwirtschaftsbetrieb vermißt, das einzige Arbeitspferd der ganzen Siedlung, mit dem sie die Hälfte der Gemüsegärten pflügten und das in der Forstwirtschaft unersetzlich war. Erst im Frühjahrstauwetter kamen die Knochen der Stute in einem Dickicht zum Vorschein, daneben lag ein halbverrotteter Stock.

Iwan Petrowitsch sprach mit Andrej darüber, und sie waren sich einig, daß das ohne die eigenen Leute nicht abgegangen war. Es wäre lächerlich gewesen, die Schuld nur bei den Zugereisten zu suchen. Nein, auch die Einheimischen, mit denen man lange genug Zaun an Zaun wohnte und zusammenarbeitete, hatten sich angewöhnt, jeden schief anzusehen, der wie seit altersher auf Recht und Ordnung sah und einem vom Gewissen predigte. Einheimische hatten Iwan Petrowitsch auch gedroht, als er – der nicht schweigen konnte und sich, hätte er es doch getan, hinterher die Haare gerauft hätte – in der Versammlung aufstand und alles zur Sprache brachte, was sich auf den Holzeinschlägen, auf dem unteren Verladeplatz, in der Garage und den Läden tat. Er sprach nur das aus, was alle wußten und was allmählich zur Gewohnheit wurde – wie man die Technik ohne Sinn und Verstand im Wald zu Bruch fuhr oder, besoffen oder nüchtern, Dutzende Kilometer zu privaten Zwecken damit rumkutschierte, wie beim Sägewerk am hellichten Tage geklaut wurde, wie auf dem Weg zum Holzgewinnungsbetrieb in den Frachtbriefen aufgeführte Waren auf geheimnisvolle Weise verschwanden und zur Handelserleichterung gleich das Geld dafür dalag, wie man unter Verletzung der Arbeitsschutzbestimmungen die Traktoristen zwang, über noch gar nicht festes Eis Holz abzufahren, und anderes mehr. Das ging so weit, daß sogar Wodnikow eines Morgens nach der Gehaltszahlung klammheimlich ein paar Flaschen in seiner Zelttuchtasche mit auf Holzschlag nahm, um eine Brigade zum Bleiben zu bewegen, die nahe daran war, in den Sack zu hauen. Für die Arbeiter war das schon genauso selbstverständlich, wie die ihnen zustehenden drei Päckchen Tee, die sie kostenlos von der Gewerkschaft erhielten.

Iwan Petrowitsch hatte wütend überlegt: Die Welt krempelt sich nicht auf einmal um, nicht mit einem Schlag, sondern genauso wie bei uns: Etwas hat sich nicht gehört, ist nicht üblich gewesen, aber jetzt hat man nichts mehr dagegen, jetzt ist es üblich geworden; etwas durfte nicht sein – jetzt ist's möglich; etwas galt als Schande, als Todsünde – jetzt gilt es als Gewandtheit und Pfiffigkeit. Wie lange noch werden wir preisgeben, woran wir uns immer gehalten haben? Aus welchem Hinterland, welchen Reserven wird die ersehnte Verstärkung kommen?

»Wieso siehst du alles so verzerrt?« hatte Wodnikow gedröhnt, doch in seiner Stimme klang weder Nachdruck, noch heischte die Frage eine Antwort: »Wieso packst du uns das hier alles auf den Tisch? Wir leben ja nicht ohne Plan, nicht wahr...«

Da war Iwan Petrowitsch der Kragen geplatzt: »Plan,

sagst du? Plan? Dann schon lieber ohne! Einen anderen Plan müßten wir einführen – nicht bloß für die Festmeter, sondern für die Seelen! Damit festgehalten wird, wieviele Seelen verloren, dem Deibel zugefallen, und wieviele noch übrig sind! Plan! Erinnere dich mal, wie es war... Nimm bloß mal das vor fünf Jahren...«

»Was soll da gewesen sein?« Wodnikow hatte sich dumm gestellt. »Da hat es noch keine Fällkombines und keine Ladegeräte gegeben. Deinen KRAS hat es nicht gegeben, auf den du dreißig Festmeter auf einmal lädst.«

»Papperlapapp! Damals hast du noch keinen Schnaps von deinem Geld auf den Berg geschafft, um den Plan zu retten. Daran erinnere dich mal. Unseren Plan zu erfüllen ist keine Kunst, dazu brauchst du keine Agronomie.«

»Keine Kunst?« Wer, wenn nicht er, der sich den Plan längst an den Schuhsohlen abgelaufen hatte, der dem Plan sein Leben opferte, mitten in der Nacht vor Angst um ihn aus dem Schlaf fuhr, weil er wie die Pest die letzten Tage im Monat fürchtete, wenn der Plan in ein schwierigeres Reifestadium trat, als es sich beim Weizen je träumen ließ – gerade er wußte, daß nicht nur viel Fingerspitzengefühl dazu gehörte, sondern auch einiges, was weit über jedes Können hinausging. Das alles ließ sich nicht erklären, deshalb sagte er mit heimlicher Kränkung: »Du müßtest in meiner Haut stecken.«

»Will ich aber nicht. Habs schon in meiner schwer genug.«

Afonja Bronnikow aus Jegorowka, der eine Zugmaschine fuhr, war anderer Ansicht.

»Was erhitzt du dich, Iwan Petrowitsch?« mahnte er mit vorwurfsvollem Lächeln auf dem breiten, harten Altgläubigengesicht. »Wem willst du was beweisen? Ich denke so: Ich arbeite ehrlich, lebe ehrlich, klaue nicht und trickse nicht – das reicht. Wer Augen hat, der sieht, wie ich lebe und wie andere leben. Wie einer veranlagt ist, den Weg wird er gehen. Unsere Sache ist es, richtig zu leben, mit unserem Leben ein Beispiel zu geben, statt mit Gewalt das eigene Nest zu beschmutzen. Dabei kommt nicht viel raus.«

»Aber wir kommen doch zu spät, zu spät mit dem guten Beispiel!«

»Nichts ist zu spät.«

Doch Iwan Petrowitsch war von anderer Art, unter dem täglichen Druck spannte sich in ihm gleichsam eine Feder, spannte und bog sich so heftig, daß es über seine Kraft ging, das auszuhalten. Und obwohl er sich mehr als einmal fest vorgenommen hatte zu schweigen, da er sich sagte, Schweigen ist auch eine Art zu handeln und zu überzeugen, war er abermals aufgestanden und hatte schrecklich nervös und mit versagender Stimme gesprochen, wobei er sich gehaßt und begriffen hatte: es war umsonst.

Schon vor den Archarowzern, der Truppe um Saschka Neun, schon vor ihrer Zeit war folgendes geschehen: Iwan Petrowitsch kam eines Morgens in die Garage, und an seinem KRAS waren die Bremsschläuche für die Anhänger durchgehackt. Denkste, du plüschohriger Wahrheitsfanatiker, da haste die Quittung, hieß das. Einmal hatte jemand zu ihm gesagt: »Du redest ja wie ein Plüschteddy, dem sie zwei Worte eingesetzt haben: gut und schlecht, gut und schlecht. Streng deinen Grips mal bißchen an.«

Also galt auch: gut ist schlecht. Schlecht war also gut. Unwillkürlich vergaloppierte, verhedderte man sich bei den zwei Worten.

10

Aus dem ersten Lebensmittellager hatte das Feuer sie ganz hinausgedrängt. Jetzt nahmen sie sich das zweite vor. Zum Glück war das Dach schon abgeschlagen, was das Feuer aufhielt. Es fraß sich von der rechten hinteren Ecke durch den Deckenbelag. Als Iwan Petrowitsch das erstemal hineinlief, war es auch hier heiß und voller Rauch. Trotzdem war es ohne Feuer erträglich, der Raum wurde innen noch von seinen vier Wänden gehalten. Hier waren erstaunlich viele Menschen, lustige Zurufe ertönten, und es herrschte ein einziges Geklirr und Geklapper. Iwan Petrowitsch erkannte erst allmählich die organisierte Kette, welche Kisten mit der gängigsten Ware – Wodka – weiterreichte. In der Kette standen Einheimische und auch Archarowzer. Iwan Petrowitsch trat ratlos von einem Fuß auf den anderen, dann ergriff er eine Kiste, um nicht mit leeren Händen hinauszugehen, und lief zurück, überzeugt, daß man diese Ware auch ohne ihn nicht verderben lassen würde. Im Freien traf ihn von oben glutroter Feuerschein, von irgendwo gellte das Gezeter der Lagerverwalterin Valja – sie forderte und flehte, das Speiseöl herauszuholen. Valja schrie, bis zum Herbst stünde ihnen keins mehr zu, sie hätten schon alles genommen, und Iwan Petrowitsch, der bei diesen Worten kehrtmachte, konnte sich nicht erinnern, ob jetzt Winter oder Sommer war, so brummte ihm der Schädel.

Nur einen Augenblick war er draußen gewesen, und schon schlug das Feuer aus der rechten oberen Ecke.

Es brach hervor mit heulendem Gefauch, aufgekratzter und gehetzter klangen die Stimmen in der Kette, Flaschen klirrten heftig, aber es war auch ein immer wiederkehrendes Geräusch in dem Geräuschwirrwarr – als ob etwas melodisch klackte oder trocken gluckste. Es gluckste oder klackte mit feinen Nebentönen. Iwan Petrowitsch stürmte auf die erhitzte Wand zu, wo es herkam, und bei den Kisten mit ausländischem Wein erriet er, was es war: die Korken knallten aus den Flaschen. Den Nebentönen ging er nicht nach, er sagte sich, daß sie höchstwahrscheinlich von einem ähnlichen Salut aus Fläschchen mit »dreifachem« Eau de Cologne oder etwas Ähnlichem rührten. Seit einiger Zeit rangierte Eau de Cologne unter Lebensmitteln, denn damit wurde trockener ungarischer oder bulgarischer Wein aufgebessert, der den Männern in seinem Eigengeschmack zu sauer und nicht scharf genug war.

Iwan Petrowitsch suchte nach Speiseöl in Flaschen, aber es war in einem Blechfaß. Das kippte er mühsam um, verbrannte sich die Hände dabei an dem riesigen bauchigen Faß, das schon mehr als einmal im Umlauf gewesen war, konnte es aber nicht hinausrollen; so sehr er sich auch mühte, es wippte nur. Er eilte zur Kette und griff sich, ohne hinzusehen, wahllos das erste beste Glied heraus. Es entpuppte sich als derselbe Bursche, mit dem er das Dach abgeschlagen und der ihnen die Nachricht von der entdeckten Ural gebracht hatte. Der Junge roch nach gekochtem Wodka; ohne etwas zu begreifen, aber auch ohne sich zu sträuben, lief er hinter Iwan Petrowitsch her. Zu zweit, mit Händen und Füßen, rollten sie das Faß hinaus.

»Da ist noch eins! Iwan Petrowitsch, da ist noch eins!« rief die Lagerverwalterin und stürzte voraus, um es ihm zu zeigen. »Da hinten ist es, da hinten!«

Iwan Petrowitsch hielt Valja zurück und schob sie von der Tür weg nach draußen, mit ihrer materiellen Interessiertheit, die über den gesunden Menschenverstand die Oberhand gewinnen könnte, hatte sie hier nichts zu suchen. Sie brauchte nicht zu sehen, was hier vorging. Iwan Petrowitsch verlor den Burschen, mit dem er das Faß herausgeholt hatte, eine Sekunde aus den Augen, worauf der sich natürlich unverzüglich in die Kette einreihte. Bei der Suche nach ihm bemerkte Iwan Petrowitsch, daß nicht nur Kisten durch die Kette gingen, sondern auch entkorkte Flaschen, die im Feuerschein wie elektrische Laternen blinkten.

»Schneller! Schneller!« rief einer, als er mit Schwung dem Nachbarn eine Kiste zuwarf, und die Kette fiel ein: »Schneller! Schneller!«

Schneller, schneller! flog eine Flasche über einem zurückgeneigten Kopf in die Höhe. Schneller! Schneller!

Doch auch das Feuer brannte schneller: Seitdem es nach innen vorgedrungen war, hatte es schon die halbe Rückwand erobert und war zur Decke übergesprungen, von wo es in einem besonderen Rhythmus mit langen fauchenden Zungen herablangte. Zu atmen wurde immer schwerer, das war auch kein Atmen und keine Luft mehr, die man atmen konnte, sondern ein hastiges ungeordnetes Schnappen nach ausgebrannter Leere. Jemand, ob Mann oder Weib, war nicht zu unterscheiden, rief ängstlich mit nackter und brüchiger Stimme: »Petka! Petka! Bist du hier? Wo bist du?«

»Deinen Petka haben wir aufgegessen!« rief es aus der Kette; die Stimme wirkte verkohlt und dürr wie Draht, stieß nur die Worte durch die Hitze.

Wieder kippte Iwan Petrowitsch ein Speiseölfaß um, ein besser erhaltenes als das vorige und, wie es schien, ein gefügigeres, wieder versuchte er es allein zu rollen. Jemand half ihm. Als sie hinauskamen, erhob die Lagerchefin Valja, die das Faß entgegennahm, lautes Gejammer und Gekreisch: In dem Faß war kein Pfropfen. Iwan Petrowitsch schaute verdutzt mal auf die Ölspur, die sich aus dem Lager schlängelte, mal auf Valja, die sich so aufregte, als wären die zwei, drei Liter ausgelaufenes Öl heute ihr größter Verlust gewesen.

Von der Seite nahm jemand Iwan Petrowitsch beim Arm – Afonja Bronnikow. Während er rasch vom Feuer weg zur linken Hofecke schritt und Iwan Petrowitsch mit sich zog, erklärte er: »Das Mehl müssen wir rausholen, Iwan Petrowitsch, eh's zu spät ist. Das alles ist ...« Er machte eine wegwerfende Bewegung nach hinten, wo es brannte. »Wenn wir aber ohne Mehl bleiben ... Ohne Mehl gehts nicht.«

Aus dem dritten Lager schleppten Kinder und Frauen Kondensmilchbüchsen, Kartons mit spielzeughaft kleinen Dosen und eine Ware in säuberlichen, von Blechbändern umschlossenen Kartons. Hinter dem dritten Lager war in der letzten Halle am Zaun, einem niedrigen Raum ohne Warenpodest, das Mehl gelagert.

Die Tür, breit wie ein Tor, stand weit offen.

Iwan Petrowitsch und Afonjas Schatten, die trotz ihrer

häßlichen Krümmung immer länger und länger wurden, übersprangen den Zaun und schwangen sich hoch über die Siedlung empor.

»Es breennt!« ertönte es von einer der oberen Straßen.

Iwan Petrowitsch fuhr erschrocken herum und spähte, woher die Stimme kam.

»Bist du wach geworden!« versetzte Afonja lustig und zornig zugleich. »Wir sind bald abgebrannt, und du steigst jetzt erst dahinter. Dalli, Brüderchen, komm rüber, eh's zu spät ist. Morgen ist Feierabend, morgen kannst du keinen mehr trinken auf den Schreck.«

II

Unordnung um dich her und Unordnung in dir selbst sind zwei ganz verschiedene Dinge. Ist die Außenwelt nicht in Ordnung, kannst du, wenn du willst, beliebig viele Schuldige finden, manchmal können aber auch völlig fremde Kräfte eingreifen und sozusagen eine Rolle spielen. Kurz, diese Ordnung oder Unordnung hat viele Verursacher, und die können sich manchmal schwer einigen, begreifen die bestehende Welt verschieden, und was für den einen eine vernünftige Lage der Dinge, ist für den anderen ein gänzliches Tohuwabohu.

In allem, was nur dich betrifft, hast du natürlich selbst das Sagen. Für dein Innenleben kannst du niemanden sonst verantwortlich machen. Auch wenn du glaubst, daß es von vielen äußeren Ursachen und Faktoren abhängt, können diese nicht an deiner obersten Gewalt vorbei, wenn sie in deinen geheimnisvollen Hoheitsbereich eindringen wollen. Also mußt du auch in diesem Fall nur dich selbst zur Rechenschaft ziehen.

Und nichts ist leichter, als in sich selbst irrezugehen. Ein Sensibler weiß das. Er betrachtet sich nicht wie ein Arzt, der vor allem die Organe und ihre Funktionen sieht, sondern wie ein machtvoller und ohnmächtiger Allerhalter des ihm durch ein Wunder von der Natur geschenkten riesigen, rätselhaften Reiches, das eine besondere Machtausübung verlangt.

Du glaubst zu wissen, wo in dir das Gewissen ist, wo der Wille, wo das Gedächtnis, wo die Wünsche entstehen und woher Verbote und Beschränkungen kommen. Du kennst ihren Sitz nicht, aber du hast eine Vorstellung, über welche Verbindungswege du Signale senden mußt, damit sie wirken. Das Gewissen, glaubst du, regt sich nicht von allein in dir, sondern auf deine Bitte; vielleicht kann es dich auch von sich aus ansprechen – natürlich kann es das, doch es kommt nicht dazu: du glaubst, daß du es vorher anrufst. Du meinst, so müsse es auch sein in dem dir anvertrauten Reich: daß du dich rechtzeitig einmischst, ehe noch Murren oder nachlassendes Einverständnis laut werden, weil du zuerst kommst und als erster sprichst, nicht erst nach Aufforderung.

Du und sie. Du bist der Herrscher, der in seinem Körper wie in einem Reich all dessen Städte und Weiler trägt, alle Verknüpfungen und Verbindungen, alle seine Mängel und seinen Ruhm. Und sie, sie machen das geheimnisvolle Leben deiner Welt aus. Das ist ein Ganzes und auch viel Einzelnes. Ein Ganzes, Unzerreißbares – wenn Frieden und Eintracht herrschen, wenn Mißverständnisse, ohne die kein Leben abläuft, nur so lange bestehen, bis der Verstand entscheidet. Genau so: das Mißverständnis währt nur bis zum Verständnis. Und viel Einzelnes – wenn Unstimmigkeit einsetzt und deine Besitztümer dir den Gehorsam verweigern. Erst dann kommt dir die Ahnung, daß sie stärker sind als du. Weil sie es sind, die dein Handeln und Denken ausmachen, deine Bewegungen lenken und deiner Stimme Töne entlocken. Weil letzten Endes du sterblich bist und nicht sie, waren sie in dir auf Geheiß einer unklaren gewaltigen Kraft, die du nie zu einem Bilde fügen konntest. Diese Kraft und nicht du herrschte über sie alle, du warst nur ihre zeitweilige Wohnstatt, die schwache Hülle dessen, was sie zusammen darstellten und von der aus sie Übereinstimmung und Einssein mit der Welt erstrebten. Du hast ihre Hoffnungen enttäuscht und nicht zu Ende geführt, nicht gezeigt, was dir aufgetragen war. Und das bedeutet, daß du nicht du selbst warst. Du warst sonstwer, nur nicht du selbst, und sie werden nicht von dir, sondern nur von deinem Namen Abschied nehmen, wenn sie dich zurückgeben.

Unordnung um dich her und in dir selbst sind zwei ganz verschiedene Dinge. Iwan Petrowitsch fühlte sich völlig zerstört – als wäre fremdes Kriegsvolk durch ihn hindurchgezogen und hätte alles zerstampft und besudelt und von dem, was immerhin abgeklärtes Leben gewesen war, beißenden Rauch, geschmolzene Scherben und formlose spitze Bruchstücke übriggelassen. Er konnte nicht sagen, daß er auch früher in vollem Einklang mit sich selbst gelebt hätte; in jedem, auch dem Zufriedensten, versagt immer mal was den Dienst und fängt an zu jammern oder zu fordern. Auch bei ihm war das so gewesen. Doch das war sozusagen eine reparable Sache. Iwan Petrowitsch wußte, wie man diesem Unwohlsein abhalf – durch Arbeit oder eine gute Tat. Gutes tat er nicht nur, um damit die schmerzende Wunde zu bestreichen wie mit Arznei, sondern das Gute tat sich von selbst, und der Schmerz ließ allmählich nach. Er stellte sich wohl darum von Zeit zu Zeit mal an dieser, mal an jener Stelle ein, um zu zeigen, daß dort die Fähigkeit zu fühlen und Schmerz zu empfinden noch nicht verloren gegangen war.

Was aber war das jetzt? Wie kam es, daß sein ganzes, mit so viel Sorgfalt ausgebautes Inneres plötzlich in Aufruhr geriet und sich gegen ihn erboste? Was er auch tat – alles war falsch, wohin er auch ging, was er anpackte, irgendeine Kraft stoppte ihn und flüsterte mit rachsüchtigem Unterton: Mehr ist dir nicht eingefallen? Mehr war ihm wirklich nicht eingefallen, die Arme waren ihm herabgesunken, durchdringende, leere Weite umgab seinen ganzen Körper.

Er erinnerte sich nicht, womit dieses Hadern mit sich selbst begonnen hatte. Mit irgend etwas hatte es doch beginnen müssen, einmal hatte seine Seele ihm zum erstenmal nicht nur nicht zugestimmt, sondern aufbegehrt und sich geweigert, ihn zu verstehen. Wie er lebte, war ihr zuwider. Aber gerade er versuchte doch immer, seinem Gewissen zu folgen, sein Handeln stets an Gerechtigkeit und Nutzen, am Allgemeinwohl, wie ihm schien, zu messen. Sind denn Seele und Gewissen nicht Geschwister, speist denn das Gewissen nicht die Seele, herrscht denn Zwiespalt zwischen ihnen? Wenn es nötig war, die Wahrheit zu sagen, sagte er sie; wenn etwas getan werden mußte, tat er es. War es ihm doch immer darum zu tun, nicht von der Wahrheit und vom Tätigsein abzulassen. Ob es denn für Gewissen und Seele nicht wichtig war, daß man in den Grenzen blieb, die dem Menschen gesetzt sind? Die Wahrheit ist ein Fluß, dessen Bett mit harten Steinen ausgelegt ist und dessen Ufer deutlich sandig oder steinig sind, ein Fluß mit klarem und vorwärtsstrebendem Wasser, keine von Fäulnisstoffen durchsetzte Brühe mit wechselndem Pegelstand und schlammigen, unterspülten Ufern. Die Wahrheit kommt aus der Natur selbst, sie ist weder durch die öffentliche Meinung noch durch Verordnung zu korrigieren. Warum also hatte denn er, der mit seinem Leben der unwandelbaren Wahrheit entsprach, sich nicht nur mit den anderen verfeindet, die sie nicht wollten oder nur halb anerkannten, sondern auch mit sich selbst? Warum war er sicher, daß es im Leben nicht taugt, die Wahrheit nur halb anzuerkennen oder sie ganz abzulehnen (dann schon lieber ganz), und warum war er zugleich seiner selbst nicht sicher, er, der genau denen entgegenstand, die deutlich unrecht hatten? Sie hatten unrecht, und er, der sagte, daß sie im Unrecht seien, sich an die Wahrheit hielt wie ein Gesetz – auch er hatte unrecht. Woran lag das?

Oder sind Gewissen und Wahrheit, wiewohl voneinander abhängig und einander ergänzend, unselbständig und einem Wichtigeren untergeordnet? Wem denn? Der Seele? Ist eine Seele, die sich um Ausgleich müht, bereit, beiden Seiten zu dienen? Doch wenn sie auch der anderen Seite dient, wenn sie Wahrheit und Gewissen dort sucht, wo sie nie gewesen sind, dann ist auch Wahrheit nicht Wahrheit und Gewissen nicht Gewissen, sondern nur suchende und leidende Seele. Und was soll die tun, wenn Gewissen und Wahrheit durch ihre Schuld aus dem Lot geraten sind? Wo ist Hilfe für sie zu finden? Schön, man kann einräumen, daß die Seele keine Geradlinigkeit liebt, kein direktes unmittelbares Urteil duldet, und so veranlagt ist, daß es ihr gefällt, Perlen auf Schutthalden zu suchen, aber solange sie dort wühlt, wird auf unserer Seite nichts bleiben. Was aber ist denn unsere, was nicht unsere Seite, wer hat die Grenze dazwischen gezogen, und warum zieht es den Menschen so über diese Grenze, liegt nicht darin sein Los – von seiner Seite auf die fremde überzugehen?

Nachdem Iwan Petrowitsch sich genug mit diesen endlosen Wie und Warum herumgeschlagen hatte, ohne eine Antwort zu erhalten, weil dies Wie und Warum von der Antwort abglitt wie von einer abschüssigen Mauer, nachdem er beim Grübeln in eine dunkle Sackgasse, eine spitzwinklige, tote Mauerenge geraten war, gab er's auf: da war nichts zu begreifen.

12

Im letzten Lager, dem Mehllager, waren nicht nur Mehl und Nährmittel, sondern auch Zucker gespeichert. Unter Mehl und Graupen gab er sich vornehm: Während sie wahllos in Säcken auf den Boden geworfen und grau bestäubt waren, hatte man für den Zucker linkerhand eine Auflage gezimmert und Segeltuch darüber gebreitet. Auch die Säcke, in denen er war, fielen durch Reinlichkeit und saubere Nähte auf und waren akkurat gelagert. Als hätten nicht Einheimische sie geschleppt und hergepackt, sondern eine Brigade aus dem Ausland.

Gewohnt, zuerst das Schwere anzupacken, steuerte Iwan Petrowitsch automatisch auf den Zucker zu. Aber Afonja Bronnikow hielt ihn zurück.

»Los, Iwan Petrowitsch, zum Mehl. Das alles ist ...« Er winkte wieder ab, wie schon im anderen Lager.

Hier war es wenigstens nicht so heiß. Doch Eile tat auch hier not, vom Feuer trennte sie nur noch eine halbgeleerte Halle. Der riesige, unförmige Haufen oder Stapel Mehlsäcke türmte sich fast doppelt mannshoch. Zwei Mann würden daran bis zum nächsten Brand zu schleppen haben. Iwan Petrowitsch ließ sich von der Arbeit nicht bange machen, jetzt war nicht die Zeit zum Schätzen und Rechnen, er lud sich den erstbesten, abseits stehenden Sack auf, ohne zu überlegen, weshalb man ihn wohl ausgesondert hatte, und versank in Mehl. Der Sack war an der Naht geplatzt. Iwan Petrowitsch hatte ihn sich mit der klaffenden Seite auf die Schulter geworfen und war mit einem Schlag weiß, Mehl verklebte ihm den Mund, rieselte ihm in den Kragen. Afonja konnte sich nicht beherrschen und brach in herzhaftes, polterndes Gelächter aus:

»Jetzt in die Angara, Iwan Petrowitsch, hinterher ans Feuer – und die Pirogge ist fertig.«

Iwan Petrowitsch klopfte sich ab und spuckte, machte seinem Ärger Luft. Aber es war auch vernünftig, daß er sagte: »Statt zu lachen, überleg dir lieber, daß wir beide hier nicht soviel rausschleppen wie der Vogel aufm Schwanz. Das reicht nicht für einmal Backen. Wo sind die anderen?«

»Der Chef wollte welche zusammentrommeln.«

»Das hat er doch längst vergessen, dein Chef! Den haben sie irgendwo hingeholt, und damit hat sich's. Der hat seinen Kopf heut zu Haus gelassen.«

Afonjas Kampfstellung verriet, daß er drauf und dran war, jeden beim Schlafittchen zu packen und herzukatapultieren. Er ging.

Iwan Petrowitsch blieb mit dem Sack auf dem Buckel in der Tür stehen. Wohin damit? Bis zum Tor war's weit, und ihn durchs Tor hinauszutragen, hieße einen Weg zu bahnen, der niemandem nützte. Nebenan war der Zaun, aber der stand noch, schützte vor Leuten, die auf alle die Sachen, die hier im Schnee und Schmutz verstreut lagen, scharf waren. Trotzdem mußte er den Zaun niederreißen. Plötzlich durchzuckte es ihn: Wo war denn das Beil? Wo war das Beil, das er von zu Hause mitgenommen und mit dem er das Dach abgeschlagen hatte? Wo hatte er das fallen gelassen? Iwan Petrowitsch wollte schon zum Feuer preschen, da besann er sich, daß ihm im letzten Lager beim Hinausrollen des Öls das Beil im Wege gewesen wäre, er es also vorher irgendwo hingelegt hatte. Demnach war es verbrannt. Das Beil, das er jetzt für den Zaun nötiger brauchte als Hände, war verbrannt. Er hatte ein Werkzeug aus dem Haus getragen und verkommen lassen.

Wieder fiel ihm Aljona ein, und die aufblitzende Erinnerung an seine Frau war voll Besorgnis: Wenn das dumme Ding sich bloß nicht zu nahe heranwagte. Merkwürdig, zwischen ihnen schien jetzt eine große Distanz zu sein. Offenbar wurde solche Entfernung mit anderen, unbekannten Schritten gemessen, die er noch nicht gegangen war.

Ehe er davoneilte, sah er noch einmal zu dem Lager, aus

dem Afonja ihn herausgeholt hatte: Dort schlüpfte schon niemand mehr durch die Türöffnung ein und aus, man warf jetzt die letzten Dosen und Gläser durch einen vordringenden gemusterten Flammenschleier. Wieviel Verwegenheit, wieviel besessenes Draufgängertum gehörte dazu, um es da drinnen auszuhalten! Vor der Tür vollführte jemand mit weißer Hasenfellmütze, der springend und hechtend das Herausgeworfene im Flug auffing, Kunststückchen, um die ein Zirkusmann ihn beneidet hätte. Fing es auf und warf es, ohne sich umzusehen, hinter sich. Nicht weit davon stand, rot beleuchtet, Wodnikow und sah ihm zu. Über der Mitte der Industriewarenlager schoß eine hohe Flamme empor und tauchte den ganzen Hof, auf dem alles reglos zu stehen und die Geschicklichkeit des Burschen mit der weißen Hasenfellmütze zu bewundern schien, in grelles Licht. Auch Wodnikow verharrte in Bewunderung. Die Flamme sank zusammen, und der Bereichsleiter rannte weiter, auch alle anderen pesten wieder herum.

In dem kurzen Moment, als der ganze Hof blitzartig erhellt wurde, sah Iwan Petrowitsch am Zaun, an einen Pfosten gelehnt, das Stampfholz, das Afonja auf dem Dach geschwungen hatte und das nun, wie bestellt, gerade dort herumstand, wo man es gebrauchen konnte. Er lief hin, hob es auf und wuchtete es neben dem Pfosten gegen die obere und untere Querlatte. Das Zaunfeld löste sich an einer Stelle und gab über die ausgefahrene Straße den Blick auf den Gemüsegarten und das Badehäuschen des einarmigen Saweli frei, eines Alteingesessenen von der Angara. Iwan Petrowitsch schlug das andere Ende des Zaunfelds ab, es stürzte um, und nun bekam er Hilfe. In dieser Nacht durfte man sich über gar nichts wundern, trotzdem konnte sich Iwan Petrowitsch eines Staunens nicht erwehren. Der Helfer war niemand anderer als Saschka Neun von den Archarowzern. Zu zweit hoben sie das umgebrochene Zaunfeld auf und schoben es die Böschung zur Straße hinunter. Besser hätte man es sich nicht ausdenken können: Heraus kam ein Bretterbelag, damit das Mehl nicht auf der Straße liegen mußte.

»Los, wir holen noch eins, Iwan Petrowitsch«, kommandierte Saschka fröhlich und schlitzohrig. Also kannte er ihn auch beim Vor- und Vatersnamen, nicht nur als »Bürger Moralprediger«.

Sie rissen ein zweites Zaunfeld ab und legten es neben das erste. Kaum hatten sie sich aufgerichtet, sank mit einem schweren Seufzer funkensprühend das erste Industriewarenlager an der Ecke zusammen. Der alles erhellende, das Geschrei erstickende Funkenregen nahm kein Ende. Saschka rannte hin. Iwan Petrowitsch sah, wie die von Afonja befehligten Männer zurücksprangen. Da hielt er es nicht mehr aus: er mußte Aljona finden.

Aljona stand fünf Schritt vor dem Haufen mit Geborgenem, sie hatte gerade etwas hingebracht und klirrend abgesetzt, und nur das Geklirr bezeugte, daß sie nicht mit leeren Händen gekommen war. Festgebannt durch die hinter ihr her schwappende Glutwelle der einstürzenden Lagerhalle, wußte sie plötzlich nicht mehr, wo sie hergekommen war, was sie gebracht und verloren hatte, wo sie nun hin sollte. Ringsum standen alle der Seite zugewandt, wo es noch immer krachte und Funken sprühte, schrien und fuchtelten mit den Armen, aber das Geschrei war nicht sehr laut, und das Gefuchtel geschah unter allerlei Verrenkungen – wie in einem eben begonnenen Spiel. In allem, wie die Leute sich verhielten – wie sie Ketten bildeten, um Pakete und Bündel von Hand zu Hand zu reichen, wie sie, einander ausweichend und zusammenstoßend, über den Hof liefen, wie sie das Feuer herausforderten und dabei das letzte wagten, wie sie mal im Chor, mal alle durcheinander schrien – in alledem war etwas Unwirkliches, Närrisches, das aus Eifer und blinder Leidenschaftlichkeit geschah. Wirklich war nur das Feuer, das konzentriert und phantasielos alles zermahlte, was ihm auf seinem Weg begegnete.

Endlich ließ das fortgesetzte explosive Funkensprühen nach, das Feuer fraß sich wieder ruhig unten durch die eingestürzten Trümmer. An den abgebrochenen Ecken leuchtete es wie hochgereckte und schräggeneigte Fackeln. Das angrenzende Industriewarenlager schien unter der hohen Lohe, die es krönte, zu schwanken und zu knarren, als wolle es sich losreißen – und könne es nicht, auf der anderen Seite durch die gemeinsame Wand an den nächsten Bau gefesselt. Aljona erinnerte sich – ob im passenden Augenblick oder nicht –, gehört zu haben, daß bei Ust-Ilim untergegangene bewaldete Inseln wieder aufgetaucht und angaraabwärts getrieben seien, die dann Flugzeuge bombardiert hätten. Im nächstgelegenen Lebensmittellager befand sich irgendein zuckerhaltiger Stoff, der nicht brannte, sondern nur wie elektrisch beleuchtet glühte. Nun war deutlich absehbar, daß sich kein einziges Lager retten ließ.

Aljona stand immer noch da, als Iwan Petrowitsch sie aufstöberte. Über ihre Reglosigkeit erschrocken, da doch alles rannte und schrie, schlich er sich die letzten Schritte an sie heran und trat dann von vorn zu ihr.

Sie schrak zusammen und sagte nur: »Oje, Iwan, guck doch mal!« mehr wußte sie nicht zu sagen. »Guck doch mal!« Sie zeigte auf eine entfernte und trotzdem erhellte Gestalt, die den Pelz abgeworfen hatte und sich unter Verrenkungen hastig etwas anzog. Es war ein Archarowzer, Iwan Petrowitsch erkannte es an den kurzen und ruckartigen Bewegungen.

»Was geht denn bloß hier vor, Iwan? Was geht hier vor? Alle klauen! Klawka Strigunowa hat sich die Taschen mit kleinen Schachteln vollgestopft. Da sind bestimmt keine Bügeleisen drin, da ist bestimmt ganz was andres drin! Auf den nackten Leib stecken sie sichs, unter die Sachen! Und die Flaschen erst, die Flaschen!«

»Laß dir nicht einfallen, was zu nehmen«, er sagte das nur, um das Rauchgas auszustoßen, das sich in ihm angesammelt hatte.

Nein, hier half kein Onkel Mischa Champo mehr. Champo paßte auf, daß nichts Großes, Auffälliges rausgeschleppt wurde, und hier machten sie's so . . .

»Na, hör mal, Iwan! Wie kommst du darauf«, haspelte Aljona ohne Empörung, denn sie merkte, daß er es nicht ernst meinte. »Warum sagst du mir das? Hab ich viel für dich geklaut, seit wir zusammenleben? War das wirklich so viel?«

Zum Teufel mit denen, sollten sie dran ersticken.

Er ging nicht hin, den Archarowzer zurechtzuweisen.

13

Vor zwei Jahren hatten sie auf ein dreißigjähriges gemeinsames Leben zurückgeschaut. Gefeiert hatten sie das so: Sie nahmen gleichzeitig Urlaub und fuhren zu ihren erwachsenen Kindern, die das Elternhaus längst verlassen hatten – zwei Töchter und ein Sohn. Iwan Petrowitsch und Aljona fingen in der Nähe an: Zuerst besuchten sie die Tochter in der Kreisstadt, die dort in der Unterstufe unterrichtete; danach die zweite, ältere Tochter in Irkutsk, wo die Reise beinah ein jähes Ende fand, weil sie erst in Irkutsk erfuhren, daß die Tochter im Krankenhaus lag. Ihre Familie hatte eine Wohnung ganz oben in einem achtstöckigen Haus bekommen, aber der Fahrstuhl war noch nicht in Betrieb, darum hatte sie beim Umzug zu schwer getragen und sich dabei so überanstrengt, daß sie gleich nach der Einzugsfeier für lange ins Krankenhaus mußte. Ganz wie die Mutter – die kannte auch kein Maß. Natürlich war es unangenehm gewesen, in dieser Situation wegzufahren, aber Tanja, die Tochter aus der Stadt, hatte darauf bestanden. Sogar ihm, der doch an manches gewöhnt und noch gut bei Kräften war, sogar Iwan Petrowitsch waren nach einem Dutzend Aufstiegen auf den letzten Treppenfluchten Beine und Arme schwer geworden, seine Ausdrucksweise hatte dadurch schon merklich gelitten, so daß er froh war, dem städtischen Komfort, bei dem man nur verrohte, den Rücken zu kehren.

Der Fahrstuhl liege immer noch still, schrieb die Tochter, es habe sich schon jemand durch die aufgebrochene Tür im Schacht zu Tode gestürzt. Was es andernorts nicht gab, in Irkutsk war es möglich.

Erst beim Sohn, zu dem sie geflogen waren, hatte Iwan Petrowitsch wieder zu sich gefunden. Borka hatte sie in Chabarowsk vom Flugplatz abgeholt – groß und stattlich, wie sie heute alle sind, da es satt zu essen gibt, deutlich erwachsen geworden, in einer Uniform, die seine Männlichkeit betonte und die von der Mutter geerbten vorstehenden Wangenknochen wettmachte. Das war nicht mehr Borka, sondern Boris Iwanytsch. Nach der Fliegerschule arbeitete er als Techniker auf einem kleinen Flugplatz, zu Aljonas Beruhigung beim Bodenpersonal. Noch am gleichen Tag waren sie mit einem anderen, kleineren Flugzeug dorthin geflogen, in eine hübsche und wohlhabende Siedlung, gepflegt und voller Grün. Freilich hatten sie auch eine günstige Zeit erwischt – trockenen September. Boris wohnte für sich – die Schwiegereltern hatten sich auf der anderen Straßenseite ein festeres Haus gebaut und ihr altes den jungen Leuten überlassen –, und am Haus war ein Obstgarten mit allerlei Beeren und einem richtigen Apfelbaum. Von alledem hatte Boris ihnen schon erzählt und geschrieben, aber solange Iwan Petrowitsch es nicht mit eigenen Augen sah, war es für ihn Geschriebenes geblieben. Nun riß er einen Apfel von einem lebenden Baum, lief die ganze Siedlung ab und sah in Gesichter, von denen nicht jedes zweite von der Trunksucht zerstört war, fuhr zum Angeln, staunte, daß die Fische in dem kleinen Fluß größer waren als in der Angara, und freute sich für Borka. Überall, wo wir nicht sind, ist es schön, heißt es, doch hier war es wirklich nicht schlecht. Es ging nicht um den Apfelbaum und nicht darum, daß es hier wärmer war, jede Gegend hat nun mal ihr Klima, aber an dem Leben hier war nichts Hektisches, hier war mehr Ordnung zu spüren, und diese Ordnung wurde nicht durch Anbrüllen und Strafe aufrechterhalten, sondern durch die von altersher geltenden Regeln des Gemeindelebens. Darum ging es. Selbst wenn Iwan Petrowitsch übertrieb – ihm schien jedoch, er übertrieb kein bißchen –, war das mit Sosnowka nicht zu vergleichen.

Sohn und Schwiegertochter bestürmten sie: Zieht zu uns. Borkas Schwiegereltern unterstützten sie, Iwan Petrowitsch und Aljona gefielen ihnen wohl durch ihr ungekünsteltes Wesen und ihr Einvernehmen. Wir gucken uns in aller Ruhe nach einem Haus um, meinten sie, einigen uns über den Preis, hier ist ein großer Sowchos, Arbeit wird sich finden. Ihr seid bei uns und wir bei euch, irgendwo unterkriechen müßt ihr sowieso. In Sosnowka hält euch doch niemand.

Da hielt sie niemand, und Sosnowka selbst? Und die Erde, der er sein Leben gegeben hatte? Das Leben der Altvorderen, all derer, die vor ihm waren? Sollte er all das wirklich den Archarowzern überlassen, die, wenn sie von der Arbeit kamen, unterwegs auf den Friedhof abbogen, um sich zu entleeren, wobei Iwan Petrowitsch sie einmal ertappt hatte. Wem oblag es oder stand es frei, die Verteidigungsstellung zu halten? Gegen den äußeren Feind haben wir bestanden und werden wir bestehen; der Feind im Inneren, wie der Dieb im eigenen Kreis, ist schlimmer.

Damit hatte sich Iwan Petrowitsch abgefunden, als er vom Sohn zurückkehrte und sich wieder in das triste Joch des Lebens in Sosnowka spannte. Aber er wußte jetzt, daß man nicht überall gleich lebte und daß es einen Ort gab, wo er Hilfe finden konnte. Darum arbeitete er, trug die Bürde des Wettbewerbssiegers, obwohl von einem Wettbewerb längst keine Spur mehr war – es ging nur noch darum: Entweder bist du ein Arbeiter oder nicht, entweder bist du ein geborener Schaffer oder ein unverbesserlicher Schwätzer. Eben darum mischte er sich ein, rannte mit dem Kopf durch die Wand, nahm er sich immer wieder alles zu Herzen: Nicht überall ist den Leuten alles schnurz. Und er überwand die Verzweiflung, ermahnte andere, die in ihrer Verzweiflung stecken zu bleiben drohten, weil sie daraus eine Mauer gebaut hatten, hinter der... alles mit blauer Flamme verbrennen mochte.

Nur darum.

Jedoch im letzten Jahr war alles ganz unerträglich geworden – seit die jetzige Archarowzerbrigade da war und Fuß gefaßt hatte. Früher waren unzählige solcher Brigaden gekommen. Hatten eine Weile das große Wort geführt und den Einheimischen blauen Dunst vorgemacht – und waren ihrer Wege gezogen, weiter ihr ruheloses Schicksal zu versuchen. Schon gab es auf dem Friedhof ein knappes Dutzend Gräber von solchen, die unversehens ihr Ziel gefunden und ihr Boot auf ewig festgemacht hatten. Alle möglichen waren gekommen, aber solche wie die jetzigen hatte es noch nicht gegeben. Die waren gleich als organisierte, vereinte Kraft mit Rangältesten und eigenen Gesetzen aufgetreten. Man hatte versucht, sie aufzuteilen – es klappte nicht. Man wollte sie auf einen Holzschlag jenseits der Angara schicken – vergeblich. Sie blieben am unteren Sammelplatz nahe der Siedlung bei der Aufbereitung und beim Abtransport, wo geschickte Hände gebraucht wurden. Aber sie hatten Geschick zu anderen Dingen. So kam, was kommen mußte. Im ganzen Umkreis lag das Holz kreuz und quer, daß man nicht heranfahren konnte. Meterholz und abgesägtes Astwerk durcheinander, im Lagerfeuer brannten Zopfholz und Stämme. Bis zu einer halben Stunde stand man mit dem Wagen da, dann half man selbst die Sperre beseitigen. Wenn einem die Geduld riß, brüllte man sie an, aber denen war nicht beizukommen, die lachten bloß und stritten's ab, danach schrie man Wodnikow an, und der schrie zurück. Mit der Zeit fuhr man zu seinem Tagewerk wie zu einer Zwangsarbeit.

Ebenso in der Siedlung. Im Klub wurde Billard um Geld gespielt, im Laden reihten sich alle ein in die Schlange, denen aber mußte man Platz machen. Sagte man ein Wort, fuhren sie einem so übers Maul, daß man noch eine gute Woche dran zu kauen hatte. Als die Leute es mit solch einer noch nicht dagewesenen Clique zu tun bekamen, die nicht auf das Beste, sondern geradezu auf das Schlechteste im Menschen baute, gerieten sie in Verwirrung und machten einen möglichst großen Bogen um die Archarowzer. Die Siedlung hatte ein paar hundert Einwohner, ein Dutzend Kerle aber hatten die Macht ergriffen – das war es, was Iwan Petrowitsch nicht fassen konnte. Doch als er darüber nachdachte, kam er darauf, daß die Gemeinschaft schon vorher auseinandergebröckelt war und die Archarowzer lediglich auflasen, was ungebraucht rumlag. Er vermutete und glaubte sogar, daß sich in einer großen Not die Archarowzer als Menschen erweisen konnten – ganz verkommen war die Sippschaft schließlich nicht, aber wenn alles auseinanderfiel, alles nur noch so lala hielt, vereinte und bestätigte sie in ihrer Morallosigkeit der Schlendrian, den sie witterten und auf den sie mit geradezu animalisch geschärftem Gespür reagierten.

Nicht umsonst hatten sie sich in Sosnowka eingewöhnt; in Syrniki, wo sein Sohn jetzt war, wären sie nicht heimisch geworden. Hier aber waren in einem Jahr nur zwei wieder gegangen. Der eine, dem Aussehen nach ein Kaukasier, der anfangs das Sagen gehabt hatte, wurde offenbar von seinen Leuten fallengelassen und abgeschoben, worauf sich Saschka Neun durchsetzte; der andere wurde in einer Schlägerei im Suff zum Krüppel geschlagen und kam aus dem Krankenhaus nicht zurück. Ein weiterer namens Somow scherte aus der Truppe aus und schloß sich der Familie von Nadja Potschiwalowa an, deren Mann ertrunken war.

Im Dezember rollte Iwan Petrowitsch nach der Arbeit vom unteren Sammelplatz zur Siedlung und wurde auf halbem Wege von Saschka Neun angehalten, der mit einem seiner Leute zu Fuß unterwegs war. Iwan Petrowitsch bremste, Saschka stieg ein, der andere blieb draußen, obwohl genug Platz in der Kabine war. Ein hübscher Kerl war dieser Saschka – groß, gut gebaut, mit strahlendem Gesicht unter semmelblondem Haarschopf – doch die Stattlichkeit war irgendwie angekratzt. Man konnte nicht sagen, woran es lag. Sie schien von innen zu verdorren und Falten zu werfen, nur noch Oberfläche zu sein.

Bis zur Siedlung fuhren sie schweigend. Aber als Saschka am Wohnheim abstieg, sagte er, lässig grinsend: »Merke dir folgendes, Bürger Moralapostel, Front- und Arbeitsheld ... Wir kümmern uns nicht um deine Angelegenheiten und du dich nicht um unsere. Solltest du uns aber wegen irgendwas nicht in Ruhe lassen, kommen wir postwendend zu dir.«

Bald darauf ging im Laden der Alkohol aus. Es gab

einfach keinen mehr – weder rechts noch links der Angara. Also schickten die darbenden Archarowzer einen von sich, Sonja, mit einem Rucksack in die Stadt. In der Woche, die er für den Hin- und Rückflug und für das Warten auf Flugwetter brauchte, arbeiteten sie für den »Kumpel« mit und vertuschten, daß er fehlte. Aber da war das Holz, da war der Jahresplan, Tag und Nacht Hektik. Jedes Paar Hände war Gold wert. Als nun Sonja mit der Ware kam, lichteten sich die Reihen der Archarowzer um die Hälfte. Iwan Petrowitsch holte den Direktor, damit er sich ansah, was los war. Er zog die Brigade vom unteren Sammelplatz ab. Bereichsleiter Wodnikow setzte sie später wieder ein. Die Arbeit mußte schließlich gemacht werden, und keiner wollte auf den verwaisten Platz der Archarowzer, weil das gefährlich war, eben weil er ihnen gehört hatte.

Im Januar, an einem Tag mit Wind und Schneetreiben, an dem man auf zwei Schritte Entfernung keinen Schwanz mehr sah, fuhr Iwan Petrowitsch auf den unteren Sammelplatz zum Entladen. Das Entladegerät rollte heran, erfaßte das Holz mit dem Haken, schwenkte herum und warf die Stämme auf die Schräge. Da es nicht alles auf einmal schaffte, hob es noch den Rest an und schwenkte ihn zu sich herüber. Um keine Zeit zu verlieren, klappte Iwan Petrowitsch gleich die Stützen hoch. Jede von ihnen hatte ein beachtliches Gewicht, nur zum Spaß ließ man die nicht runter. Er wuchtete die erste hoch und legte eine Verschnaufpause ein. Doch kaum hatte er einen Schritt zur Seite getan, kaum hatte er den Kopf unter ihr vorgezogen, krachte die schwere eiserne Stütze plötzlich herunter. Kam einfach runter, obwohl sie, eingerastet und nach innen geneigt, gar nicht zurückfallen konnte und auch noch nie zurückgefallen war. Auf der Entladeseite werkelten zwei Archarowzer herum. Iwan Petrowitsch stellte sich eine Weile neben sie, sah ihnen zu, überlegte und sagte nichts. Was hätte er auch sagen sollen? Er fuhr davon und sann übers Schicksal nach.

Ein paar Tage darauf fing der Motor an zu spucken. Iwan Petrowitsch sah in die Zündung, den Vergaser – nichts. Er prüfte und hantierte noch eine ganze Weile und fand schließlich heraus, daß man ihm Sand in den Benzintank geschüttet hatte. Seine Ablösung, Petja Rasborow, der bei der Armee gedient hatte, sagte nachdenklich, als sie das Benzin abließen: »Sand ist noch gar nichts, das stört uns nicht lange. Aber wenn sie Salz reinschütten, Iwan Petrowitsch ... Dann wird's haarig. Das kratzt uns.«

Iwan Petrowitsch, hinterwäldlerisch wie er war, hatte weder Sand noch Salz vermutet. Salz wurde auch nicht reingeschüttet, dafür stachen sie ihm die Reifen durch. Petja Rasborow ging von ihm weg auf einen anderen KRAS.

Auf der Jahreshauptversammlung wurde Iwan Petrowitsch mit einem Gutschein für einen Teppich prämiert. Er stand auf und verdarb die Zeremonie, indem er auf den Gutschein verzichtete: Er brauche keinen Teppich. Er brauche weder die Prämie noch eine Anerkennung, sondern eine Arbeit, bei der keiner am anderen Ende anpackt, um zu bremsen, und ein Leben, bei dem es ohne Beinstellen abgeht. Genau das sagte er. Aber er sagte es nervös, den Tränen nahe, wollte wissen, warum man so tue, als wäre alles in bester Ordnung, wenn wir den Plan erfüllen, und wie lange der Plan noch dazu herhalten solle, alles zu vertuschen und zu rechtfertigen, was im Rahmen des Plans geschehe. Nicht wegen der Acharowzer war er gekränkt – was konnte man von denen schon verlangen! –, sondern der eigenen Leute wegen, die sich damit abfanden und nur verstohlen schielten, die glaubten, daß jede Veränderung nur zum Guten sei. Während Iwan Petrowitsch sich ereiferte, kamen ihm die gleichen Zweifel, die ihn bei seinen nächtlichen Grübeleien plagten: Sah und begriff das wirklich nur er allein und sonst niemand? Und wenn nur er, wozu dann? Wozu es sehen und begreifen? War das überhaupt ein richtiges Sehen und Begreifen? War er nicht gerade dadurch krumm geworden, daß er sich allzusehr darauf versteifte, sich gerade zu halten?

Das Gärtchen vor seinem Haus war erst vor kurzem verwüstet worden, schon nach seiner Kündigung. Höchstwahrscheinlich hatte sich einer von den Hiesigen im Suff dran vergriffen. Wenn Iwan Petrowitsch nachgeforscht hätte, wäre er leicht dahintergekommen, wer es gewesen war. Aber er hatte keine Lust dazu. Auch Aljona schwieg, und ihr hatte mans ganz sicher zugetragen. Der Groll auf andere, Rechtschaffene und Schuldige, wurde bei ihm zur Wut nur auf sich selbst.

Da gab es bloß eine Rettung: Weggehen.

14

Seit einiger Zeit betrachtete Iwan Petrowitsch Aljona unwillkürlich aufmerksamer. Doch es war eher ein Lauschen als ein Betrachten: er belauschte gleichsam den Platz, den sie neben ihm einnahm. Wohl jeder Mann hat zwei Bilder seiner Frau vor Augen – wie sie ist und wie er sie sehen möchte. Mal decken sie sich, mal klaffen sie auseinander, mal reden sie mit einer einzigen Stimme, mal mit verschiedenen. Auch ihr Gesicht scheint feine Unterschiede zu haben, und die harmonieren nicht unbedingt miteinander. Er hört natürlich mit untrüglicher Sicherheit, wann ihm die eine entgegentritt und wann die andere, doch auch sie weiß, wann sie welche ist, und fühlt das Uneinssein von Mensch und Ehefrau. Das gleiche läßt sich natürlich auch vom Mann sagen, aber von ihm ist jetzt nicht die Rede.

Und nun war seine Aljona, ungewiß seit wann, zu einem Ganzen geworden. Am meisten verwirrte Iwan Petrowitsch dabei, daß er nicht bemerkt hatte, wann das geschehen war, wann er aufgehört hatte, sie in eine Aljona an sich und eine für ihn zu teilen. Nachdem sie ganze dreißig Jahre und mehr zusammen verbracht hatten, war klar, daß in jeden viel vom anderen eingeflossen war und sie sich schon dadurch nahestanden, daß jeder Fleisch und Blut vom anderen angenommen hatte, und das kann ja nicht anders, als zur einstigen Heimstatt zurückzustreben. So war es, und so müßte es bei allen sein, die jahrzehntelang das Bett miteinander geteilt haben. Bei Aljona kam jedoch noch etwas Besonderes dazu. Bei ihr hatte sich die Stimme verändert. Als spräche die Allfrau aus ihr, die Mutter aller Frauen dieser Welt. Ihr Stimme war tiefer und satter geworden, floß in der Mitte des Klangs, ohne an die trockenen Ufer zu stoßen. Sie redete nun weniger schnell, und doch war ergiebiger, was sie sagte: Früher hatte sie eine große Menge Worte verschwendet, ehe sie zum Wichtigen vordrang, zum Kern, dessentwegen sie ein Gespräch begann; jetzt erschloß es sich rascher, ohne Artillerievorbereitung, wie Iwan Petrowitsch gern scherzhaft sagte, und traf genauer.

Aljona hatte unmerklich den Reifegrad erreicht, zu dem es ihr in der Jugend noch an Persönlichkeit gefehlt hatte und der sich vielleicht als frauliche Milde bezeichnen läßt. Das heißt, es war genau so viel von ihrem Wesen da wie nötig, nicht mehr und nicht weniger. Womöglich etwas mehr, aber ein kleiner Überschuß ist immer auszugleichen. Ob Iwan Petrowitsch zu Hause war oder unterwegs, stets fühlte er Aljona in sich, die unermüdlich ihren Dienst versah. Je nach Notwendigkeit machte sie ihm Mut oder zügelte sein Temperament, wappnete ihn mit Geduld und führte ihn heim. Auf langen Fahrten sprach er oft in seiner Kabine mit ihr, er wußte, was sie antworten würde, und traf seine Entscheidung, wenn er sich mit ihr besprochen und beraten hatte. Die ordnungsliebende und besänftigende Welt, die Aljona für ihn war, verringerte mit den Jahren ihren Einfluß nicht, sondern erfüllte ihn sogar noch mit Verständnis und Wärme. Ein Mann, dem nicht die Stimme seiner Frau in den Ohren klingt: Wanja oder Stjopa, paß auf dich auf, trollt sich bald aus dem Leben oder läuft auch als Lebender darin herum wie in einem geborgten Mantel.

Klein, straff und von mädchenhafter Gestalt, lief sie nicht, sondern schwebte, flog. Und das bis heute, obwohl sich ihre Fixigkeit schon etwas hätte geben müssen. Wenn Iwan Petrowitsch sie ansah, ertappte er sich manchmal bei dem schrecklichen und vielleicht hellseherischen Gedanken, daß solche ungestümen und quirligen Menschen wie Aljona blitzschnell dahingerafft werden, ohne Beschwerden und allmähliches Abkühlen. Als sie sich seinerzeit genug als Normiererin und Erfasserin abgeplagt, sich genug Unflätigkeiten angehört und genug an der frischen Luft gefroren hatte und ihm halb fragend verriet, sie dächte daran, Bibliothekarin zu werden, hatte Iwan Petrowitsch gelacht. »Und was willst du da tun? Gegen die Fensterscheiben flattern wie ein Falter?« – er hatte sie sich nicht sitzend vorstellen können, wie es die Arbeit mit Büchern verlangte. Sie saß auch nicht. Sogar Karteikarten füllte sie im Stehen aus, leicht über den Tisch oder das Fensterbrett gebeugt. Oder sie lief durch die Bereiche und Siedlungen und drückte sogar denen Bücher in die Hand, die nicht wußten, wie man sie aufschlägt. Wie viele hatte er, Iwan Petrowitsch, nicht repariert – an die hundert! –, anfangs hatte er ein paar davon gelesen, später die übrigen, nicht nur die sie zum Reparieren brachte, sie hatte immer wieder neue dazugelegt.

Nun mußte also auch sie ihre Arbeit aufgeben, und sie liebte sie.

Heutzutage ist's nicht üblich, seine Frau zu loben, aber was tun, wenn Iwan Petrowitsch nicht mal vor Gott über Aljona klagen konnte. So weit er zurückdachte, sah er sie in Eile, im Trab kam sie abends nach Hause; abgehetzt und voll Ungeduld, ihren Mann zu sehen, rief ihm noch im Laufen atemlos und schuldbewußt etwas zu – und schon entspannte sich seine Seele. Dann saßen sie zusammen beim Tee, er schwieg, sie redete für ihn und für sich, und er wußte nicht, wer was sagte, wußte nur, es tat gut, über alles miteinander zu reden.

Seine Frau war ein Wesen für sich. Für ein gemeinsames Leben geschaffen und doch sich selber gehörend. Manche reiben sich ihr Leben lang aneinander und schleifen sich trotzdem nicht ab. Aljona war für Iwan Petrowitsch mehr als seine Frau. In dieser kleinen, behenden Gestalt kam wie in einer Dreieinigkeit alles zusammen, was eine Frau sein kann. Meist werden Frauen, die sich ihr Leben lang tagaus, tagein sanft verströmen, nicht geachtet, man nimmt ihr Bemühen für selbstverständlich wie Luft und Wasser, möchte noch mehr und weiß nicht, was. Der Russe ist es nicht gewohnt, mit seiner Frau in seelischem Einklang zu leben. Bei Aljona aber geschah das alles ohne Anstrengung oder Opfer, es lag in ihrer Natur und kam ihr aus der Seele, und sie wäre verkümmert, hätte sie nicht jemanden umsorgen können. Sie gab restlos alles für ihr gemeinsames Leben, behielt nichts für sich, und verausgabt, erleichtert und schmal an Gesicht und Körper lächelte sie so selig und beglückt, wenn sie sich schlafen legte, um in der Nacht neue Kraft zu schöpfen, daß es keinen Grund gab, daran zu zweifeln, daß vielleicht etwas nicht ganz stimmte.

Wohl jeder Mann bewahrt irgendeinen Vorfall im Gedächtnis, der alles über seine Frau aussagt. Vor langer Zeit, sie wohnten noch in Jegorowka, hatte Iwan Petrowitsch einmal unter einem Wagen mit laufendem offenen Motor hantiert. Es war ein alter SIS 150. Er ahnte noch nicht, daß etwas undicht war, und stellte erst viel später fest, wo – aus dem Motor schlugen plötzlich Flammen. Iwan Petrowitsch, der flach auf der Erde lag, war vor Fassungslosigkeit starr. Er sprang auf, als etwas über ihn geschüttet wurde. In der Ecke auf dem kleinen Scheunenanbau stand ein für den Winter bereitgestellter Korb mit Sand, den hatte Aljona mit einem Ruck gepackt und aufs

Feuer ausgeschüttet. Später, als sie den Korb neu füllten, konnte Iwan Petrowitsch ihn nur mit großer Mühe anheben. Aljona brauchte es gar nicht erst zu versuchen.

»Das war gar nicht ich«, meinte sie treuherzig. »Da hat jemand anders, um dich zu retten, meine Arme genommen und ihnen seine Kraft gegeben. Ich weiß gar nichts mehr davon. Schwer kam mir das überhaupt nicht vor.«

Wie oft war es danach geschehen, daß jemand mit ihren Armen immer wieder viel zu schwere Lasten hob.

Als Iwan Petrowitsch kam und sagte, jetzt sei Schluß, er sei entschlossen zu kündigen, stimmte sie ihm zu: »Mach das, Iwan ... Natürlich, zu Borka möcht ich schon ...«

Er hatte gelernt, auch das zu hören, was sie nicht aussprach. Zu Borka möcht ich schon, aber nicht so, nicht so ...

15

Jetzt heißt es schleppen und schleppen. Iwan Petrowitsch schob die Schultern vor, zog sich von den oberen Reihen des Stapels einen Sack auf den Nacken, legte ihn sich mit einem Schulterrucken zurecht und schwenkte in Richtung der zur Tür hereinlodernden wildflackernden Glut. Dann stapfte er immer auf demselben Weg zur Straße hinunter. Eine vertraute Arbeit, er hatte einiges geschleppt in seinem Leben, und wäre nicht das Feuer, nicht das Unglück gewesen, wäre mit der Plackerei sogar eine angenehme, wenn nicht geistige, so physische Jugenderinnerung an die Zeit verbunden gewesen, als sich das ganze Dorf bei der

Kornernte abrackerte. Wie oft hatte Iwan Petrowitsch später in seinem Waldarbeiterleben, sobald Gelegenheit dazu war, eine Prise Mehl zwischen den Fingerspitzen zerrieben und gewartet, wann sich nach dem bitteren Schuldgefühl wie nach einem Weckruf Bilder von schweißigen, staubigen, sonnenheißen Erntearbeiten einstellten.

Anfangs waren sie ungefähr zehn, die Mehlsäcke hinaustrugen. Im Eifer des gegenseitigen Antreibens – zwei, drei Mann packten auf, die übrigen schleppten – hatten sie in einer kurzen Hauruckaktion die ganze obere Reihe abgetragen. Iwan Petrowitsch faßte schon den Zucker ins Auge: bald würden sie sich auch an den heranmachen, doch der Dickwanst war zwar süß auf der Zunge, aber bitter auf dem Buckel. Jedoch kamen ihm, der fast nicht aufsah und nichts wahrnahm als die Säcke und den Weg, immer seltener andere Träger entgegen, wurde ihm immer bummeliger vom Lagervorrat aufgeladen. Er richtete sich auf – sie waren nur noch zu viert: Afonja und er, der einarmige Sawali, dessen Anwesen nebenan lag, und ein schwankender junger Bursche in Hemdsärmeln, den er kaum kannte.

»Afonja!« rief Iwan Petrowitsch. »Was ist denn das wieder? Wo sind sie?«

»Dort ist's interessanter, Iwan Petrowitsch«, antwortete der andere im Vorüberhasten. »Interessanter ist's dort, verstehst du?«

Schultern, buckeln, abwerfen. Ein kurzes Stück ohne Last gehen, damit das holpernde Herz wieder halbwegs auf seinen Platz findet, und abermals: Schultern, buckeln, abwerfen. Man ist doch kein junger Spund mehr. Immer tiefer knickten die Knie beim Laufen ein, immer öfter versagten die Beine, und das Herz konnte sein Nest nicht mehr finden. Auch Afonja, der kräftige Stier, der sich anfangs zwei Sack überkreuz aufgeladen hatte, lief nun sogar unter einem mit gesenktem Kopf.

Wodnikow erschien und reihte sich ebenfalls als Träger ein, er hatte vor der blinden Gewalt der Ereignisse kapituliert. Jedoch Afonja und Iwan Petrowitsch verlangten laut, er solle sich nicht wichtigtun, sondern schleunigst Verstärkung herbeiordern. Wodnikow ging, dann erschien er wieder und brachte ein paar Leute mit; einer von den wenigen, ein angetrunkener Archarowzer, wollte eine Kette bilden – um die Säcke nicht den ganzen Weg zu tragen, sondern sie von Hand zu Hand weiterzugeben. Afonja schickte ihn mitsamt seiner Kette zum Kuckuck, worauf der andere ihm prompt den Gefallen tat und sich nicht wieder bei ihnen blicken ließ. Beim nächsten Zugang waren zwei Zuverlässige – Semjon Kolzow und der Autoschlosser Tepljakow. Saschka Neun tauchte auf, ließ sein Draufgängergesicht zwei-, dreimal aufleuchten und verschwand.

Wo mehr lag – beim Herausgeholten, auf die Straße Getragenen oder im Lagerraum –, war nicht zu unterscheiden.

Iwan Petrowitsch bemerkte, daß Tepljakow sich an die Graupen machte. Zu Recht wahrscheinlich: ein bißchen wenigstens mußten sie auch davon retten. Eigentlich alles, aber das Feuer im benachbarten Lager drang knakkend näher, lag auf der Lauer, und die gemeinsame Wand, an der die Graupensäcke lehnten, erwärmte sich zusehends. Um Tepljakow zu unterstützen, entschloß sich Iwan Petrowitsch, umschichtig einmal Mehl und einmal

Graupen zu nehmen. Drinnen herrschte schon trübes, totes Dämmerlicht, der Mehlstaub wogte dicht, der Feuerschein an der Tür war ziemlich erloschen und blinkte nur noch manchmal auf dem Zucker. Immer stärker wehte – beim Hineinlaufen von rechts, beim Hinauslaufen von links – ein heftiger heißer Luftzug am Eingang.

Unter den Säcken sah und hörte Iwan Petrowitsch nichts. Das Herz wummerte, alle anderen Geräusche verstummten oder wirkten in dieser Brandung, die ihm schier die Brust zerriß, wie schwache Nebentöne. Vor seinen Augen verschmolz alles – die Lohe in ihm und die in Wirklichkeit, die einen und die anderen Feuer loderten und brannten zugleich. Iwan Petrowitsch kriegte keine Luft mehr. Nachdem er den Sack abgeworfen hatte, fiel er daneben auf den Holzbelag und klammerte sich mit dem Blick an das erstbeste Gebäude, um nicht das Bewußtsein zu verlieren. Das Gebäude erwies sich als Badehaus, aus dem plötzlich ein Mann herauskam – offenbar sein Besitzer, der einarmige Saweli – und in den ausgetretenen Fußstapfen zur Straße hinunterstieg. Im weiten Umkreis war alles erhellt, doch in Iwan Petrowitschs Augen war es dunkel, und er konnte nicht sagen, ob wirklich jemand das Badehaus verlassen hatte oder ob ihm das nur so vorgekommen war.

Dann glaubte er noch eine alte Frau zu sehen, die im kurzen Pelz mit hochgeschlagenem Kragen am Straßenrand Blumen pflückte. Sie ging, erspähte eine, bückte sich, pflückte sie eilig – und tat sie in eine Tasche. Wieder beugte sie sich in den Schnee. Iwan Petrowitsch erkannte sie, als sie sich umdrehte, und bedauerte es auch schon, weil ihm im selben Moment aufging, was das für Blumen waren, Schneeglöckchen. Die alte Frau, von der man nie Derartiges gedacht hätte, las über den Hofzaun geworfene Flaschen auf – natürlich keine leeren. Aber auch daß so etwas wie heute nacht überhaupt passieren könnte, hätte man bisher nie gedacht.

Um die Ecke an der Angaraseite schlugen Flammen – das war nun über dem letzten Lager, dem Mehllager. Iwan Petrowitsch sprang auf. Also darum hatte nach ihm keiner mehr einen Sack abgesetzt: sie trugen sie jetzt nur noch fünf Schritte vor die Tür und warfen sie dort ab, sie weiter weg zu tragen, reichte die Zeit nicht mehr.

Am anderen Ende des Feuers, bei den Industriewarenlagern, wo alles in dichten Flammen stand, schwankte eine schiefe Front von Menschen in der Hitze. Von dorther erscholl Wodnikows scharfe Stimme, die das übrige wirre Geschrei übertönte. Die Leute standen dort, um das Feuer nicht an den Laden zu lassen. Wenn der Laden verschont bliebe, würden sie glauben, daß sie beinah gesiegt hätten, daß nicht viel fehlte, und sie hätten ganz gesiegt.

Mitten auf dem Hof sprang Onkel Mischa Champo schiefhüftig und mit dem gesunden Arm fuchtelnd um den Haufen geborgenen Guts herum. Von weitem sah es aus, als scheuche er auseinanderlaufende Küken zur Henne zurück.

Vor dem Tor zu stehen war für ihn sinnlos geworden, der Hof war jetzt überall offen.

Onkel Mischa Champo, der Geist von Jegorowka, war seit der Kindheit gelähmt, der rechte Arm hing an ihm herunter wie eine Peitsche, er konnte ihn zur Not zum einfachen Drunterschieben oder Festhalten gebrauchen. Sprechen tat er so mühsam, daß ein Uneingeweihter ihn unmöglich verstand. »Cham-po! Cham-po!« stotterte er lange, bis er das nötige Wort aus erstarrten Tiefen hervorholte, und wenn ihm das gelungen war, schob er eilends ein irgendwo paratgehaltenes »A-ha« nach und lächelte glücklich. Wer Onkel Mischa Champo kannte, hatte hilfreich gleich das nächste Wort für ihn zur Hand, dann strahlte er über sein großes dunkles, schrundiges Gesicht, nickte nur noch und sagte Aha. »Cham-po!« stotterte er, wenn er über die Schwelle trat, und der Hausherr oder die Hausfrau sagten darauf, keineswegs verlegen: »Guten Tag, guten Tag, tritt ein. Du warst im Laden, sagst du? Sie stehn dort Schlange? Und das Mittagessen hast du schon fertig? Na, wenn's so ist, setz dich und trink mit uns Tee.«

Um einander zu verstehen, braucht man nicht viel Worte. Viele Worte braucht man, um einander nicht zu verstehen.

Onkel Mischa lebte allein. Seine Frau, eine Umgesiedelte aus der Kriegszeit, hatte er längst begraben; der Neffe, den sie aufgezogen hatten, ließ sich nach dem Armeedienst für den Norden anwerben, und weil er goldene Hände hatte, findig war und von klein auf viel gelernt hatte, verdiente er dort eine Menge Geld, wovon er aber keine Kopeke schickte. Onkel Mischa wusch sich seine Sachen selbst, werkelte am Haus, fütterte ein Ferkel und hackte mit seinen siebzig Jahren noch für andere Leute Holz. Er war bärenstark und daran gewöhnt gewesen, alles Mögliche mit der linken Hand zu machen. Doch das war früher, jetzt hatte sich die Kraft natürlich etwas abgenutzt, und beim Holzhacken hieb er die Axt immer öfter in den Hauklotz und starrte lange auf die zugefrorene oder offene Angara.

Manchmal machte er Anstalten, etwas von der Angara oder höchstwahrscheinlich von Jegorowka zu sagen, das nun versunken war, zeigte mit der Hand in die Richtung und würgte an seinem »Cham-po«, aber hier konnten ihm die Leute außer dem Namen des alten Dorfes nichts soufflieren. Onkel Mischa war dann betrübt und ging.

Dabei mühte er sich, etwas Wichtiges zu sagen.

Champo war der geborene Wächter, ein Wächter aus eigenem Antrieb. Nicht wegen seiner Häßlichkeit, jedoch machte er jede Arbeit und brachte sie unverdrossen zu Ende, er war so veranlagt, stellte von Hunderten und aber Hunderten Geboten, die sein Verstand nicht faßte, dies obenan: Vergreif dich nicht an Fremden. Alles Mangelhafte, alle Unordnung in der Welt verband er wohl nur mit dem einen: Sie vergreifen sich. Bereitwillig übernahm Onkel Mischa jedes Wächteramt: Er paßte beim Kolchos in Jegorowka auf die Erbsen auf, ritt jahraus, jahrein auf seiner kleinen Stute um die Felder, verbrachte die Nächte auf Dreschböden, ging, wenn er tagsüber Zeit fand, hinaus und kontrollierte den Kuh- und den Pferdestall. Nie verlangte er für sein wachsames Auge Bezahlung, denn er glaubte, daß der gesellschaftliche Wachdienst, den er versah, ihm von Geburt an aufgetragen sei. Auch in der neuen Siedlung, als alles herübergefahren und aufgebaut wurde, hätte man Onkel Mischa für den Verwalter halten können: Auf alles achtete er, und wo etwas zu schützen war, redete er sein Wörtchen mit. Das war man gewohnt, und keinem der Dorfleute wäre es eingefallen, Onkel Mischa zurechtzuweisen, weil er sich in fremde Angelegenheiten mische.

In den ersten Jahren kamen nur selten Diebstähle vor, und wenn, dann litt Onkel Mischa entsetzlich. In einer festen Ordnung gab es für ihn kein schlimmeres Unglück, keinen schlimmeren Schaden als Diebstahl. Was machst du denn, Onkel Mischa, wo hast du deine Augen gehabt? fragten ihn diejenigen, denen es nicht viel ausmachte, einem Menschen wehzutun, und wußten genau, was danach geschehen würde. Es geschah stets das gleiche: Onkel Mischa, der sich vergeblich mühte, etwas zu sagen, eine Rechtfertigung vorzubringen, fing an zu schluchzen. »Cham-po! Cham-po!« Es zerriß ihm das Herz, sein mächtiger Körper bebte, Tränen kullerten ihm übers Gesicht, die rechte Hand strebte nach oben und wollte etwas zeigen.

Mit der Zeit wurde das Stehlen zur Regel, und hätte Onkel Mischa auf jeden Diebstahl so aufgeregt reagiert, wäre er wohl bald unter die Erde gekommen. Auch er mußte sich umstellen. Bei Gerüchten über Diebstähle zuckte er nicht mehr zusammen wie unter einem Schlag, lief auch nicht mehr in sein Häuschen, um die Schwäche seines kranken Gemüts zu verbergen, nur sein Gesicht verhärtete und drückte heftige, alles Leben beanspruchende Konzentration aus, und viel Zeit mußte vergehen, ehe wieder ein schuldbewußtes Lächeln darauf erschien.

Aber auch der Dieb hat heutzutage eine Wandlung durchgemacht, die allein der Teufel durchschaut. Mal brechen große Bengels, um einer blutjungen Lehrerin zu einem Feiertag gefällig zu sein, in einen fremden Hühnerstall ein und drehen den Hähnen die Hälse um, mal plündern andere nach Strich und Faden ein altes Weiblein aus, das mühsam eine Bewirtung für die Helfer zusammengekratzt hat, die ihr das Brennholz sägen wollen. Das hat es auch früher gegeben ... Das aber gab es nicht: daß einer der Rabauken, die Geflügel besorgten, ein leiblicher Bruder der Lehrerin war, bei der man feierte, und daß die anderen, die die Speisekammer der alten Frau inspizierten, zugleich die Helfer waren, für die sie die Bewirtung vorbereitet hatte und die, als sie sich bei ihr sattgefuttert hatten, nichts mehr vom Helfen wissen wollten.

Nicht Diebe, gemeine Schufte waren das.

16

Als Iwan Petrowitsch sich dazu entschlossen hatte wegzuziehen, begann er immer öfter und hartnäckiger zu grübeln: Was braucht der Mensch, um ruhig leben zu können? Wenn er eine Arbeit hat, die er nicht als Schinderei ansieht, und eine Familie, zu der er sich hingezogen fühlt – was braucht es noch, daß er, wenn er unversehens nachts aufwacht, kaum den Morgen erwarten kann, um wieder froh zu schaffen?

Um beim Wohlstand zu beginnen ... Wohlstand, ja, der ist notwendig, ohne ihn finge der Mensch an zu klappern wie ein Knochen ohne Fleisch. Wohlstand aber sind nicht nur Dinge, die man in sich hineinstopft, mit denen man sich behängt oder umgibt, ist nicht nur das, was man heute und morgen zur Befriedigung seines Bauches oder auch zur Befriedigung seines Ehrgeizes braucht, andere zu übertrumpfen. Wenn es so wäre, wie einfach wäre dann alles. Aber dem Schwein im warmen Koben kann nicht verborgen bleiben, daß es wegen des Fleisches gefüttert wird, denn wenn seine Augen auch klein und verquollen sind, so hat es doch welche, um sehen zu können, daß die Arbeit derer, die man nicht des Fleisches wegen füttert, nicht nur im Fressen besteht und das Leben nicht allein Warten aufs Fressen ist. Der Mensch, der sich mit einer Unmenge von Hilfsmitteln umgeben hat, die seinen Wohlstand erzeugen, sollte innerhalb dieses Wohlstandes etwas Besonderes haben, das aus ihm selbst kommt und nicht allein vom Raffen herrührt, etwas Ursächliches und Kontrollierendes, das den Wohlstand zwingt, sich gegen seine eigene Natur seiner vollen Truhe zu schämen.

Na gut, vom Wohlstand später.

Nicht nur um seiner Exzellenz Bauch willen wird gearbeitet. Wie viele, die nicht oder kaum arbeiten, füllen sich den Bauch darum keineswegs schlechter, das ist heute nicht schwer.

Arbeit – das ist, was nach dir bleibt. Es gibt dich nicht mehr, du wirst schon selbst zur Arbeit für andere, sie aber erinnert die nach dir Lebenden noch lange, lange an dich. So heißt es. Und so ist es auch, zumal wenn deine Arbeit in den nützlichen Strom mündet. Es gibt zwei Ströme – einen mit nützlichem und einen mit nutzlosem Wasser –, und wer von beiden mächtiger ist, dem wendet sich auch das allgemeine Leben zu. Das aber war auch allgemein, in hohen, übermenschlichen Begriffen gedacht – doch was sollte er empfinden, der er morgen beim ersten Hahnenschrei zwanzig, dreißig Kilometer weit fahren würde, um seine Festmeter Nutzholz heranzuholen? Zwar müßte allein schon die Sprache – Kilometer, Festmeter, Nutzholz – die Gefühle bestimmen, sie auf die Rubel lenken. Aber das war nicht so. Nicht ganz so. Nicht die Rubel reizten ihn, zwangen ihn, den KRAS zu überladen und eine Fahrt einzusparen, sondern die Arbeit, die Hunderte von Menschen beschäftigte. Bei der Arbeit vergaß er Kilometer, Festmeter und Rubel und erhob sich über sie auf ein anderes Niveau, wo es keine Buchhaltung gab, nur Bewegung, Rhythmus und Festlichkeit. Dort bewegte er sich ständig in der gleichen Richtung wie alle, darum war es leicht, sich zu bewegen. Wohin, hätte er nicht sagen können, wahrscheinlich dahin, wohin es seine Seele zog, wohin sie urtümlich neigte; dort verwandelte er sich ganz in Antwort auf einen drängenden Ruf, seine Seele stimmte sich ein, klang offen und frei.

Ja, er war Arbeiter, so viel wußte er von sich, und von der Höhe, zu der er bei der Arbeit aufstieg, sah man das Leben am verläßlichsten.

Vier Pfeiler hat der Mensch im Leben: Haus und Familie, die Arbeit, die Menschen, mit denen er Werk- und Festtage erlebt, und die Erde, auf der sein Haus steht. Jeder von den vieren ist so wichtig wie die drei anderen zusammen. Wenn es mit einem hapert, wird die ganze Welt schief. Nur für Kinderaugen ist die Welt ja wie ein wunderbares Geschenk voll Sonnenschein und menschlicher Freundlichkeit. Je weiter man sich von der Geburt entfernt, um so mehr beleuchtet die steigende Sonne die Wirrnis und Unstimmigkeit der Welt. In jungen Jahren hatte Iwan Petrowitsch geglaubt, das sei Unfertigkeit, Unvollendetsein einer langen und schweren Arbeit, die nach Fortsetzung verlangt, doch dann wurde ihm klar, daß die noch unfertige Welt schon auf den alten Fundamenten wankte und die Menschen geschäftig immer wieder neue errichteten, die auf dem unbefestigten Unterbau schwankten.

Wohl zu keiner Zeit haben die Menschen überwiegend zum Guten geneigt, immer kamen auf einen geneigten zwei, drei abgeneigte. Aber Gut und Böse unterschieden sich, hatten eine eigene, scharf umrissene Gestalt. Es hieß nicht: Das Böse ist die Kehrseite des Guten mit dem gleichen Gesicht, nur daß es statt nach rechts nach links guckt, sondern das Böse galt, ähnlich wie das Heidentum, als eine noch nicht zu einer besseren sittlichen Religion bekehrte Kraft, die aus ihrer unentwickelten animalischen Natur heraus Böses tut und nicht begreift, daß sie es tut. Wäre es möglich gewesen, zwischen Gut und Böse eine Grenzlinie zu ziehen, so hätte sich ergeben, daß ein Teil der Menschen die Linie überschritten hatte und ein Teil noch nicht, alle aber in eine Richtung strebten – zum Guten, und daß die Zahl derer, die die Grenze überschritten hatten, mit jeder Generation wuchs.

Was danach geschah, ist unbegreiflich. Wer hat die verschreckt, die die Linie schon überschritten und das Gute gekostet hatten, warum sind sie umgekehrt? Nicht auf einmal und in Scharen, aber umgekehrt sind sie. Die Grenze wurde nach beiden Seiten passiert, die Menschen fingen an, hin und her zu spazieren, sich dabei in aller Freundschaft mal diesem, mal jenem Lager anzuschließen, und verwischten, zertrampelten die Trennlinie. Gut und Böse vermischten sich. Das Gute in reiner Form verwandelte sich in Schwäche, das Böse in Stärke.

Was heißt heute guter oder schlechter Mensch? Gar nichts. Veraltete Worte, die wie die Erinnerung an Großvaters Zeiten auf der Zunge liegen, als man den Menschen schlicht und naiv nach seinen freundschaftlichen Gesten, nach seiner Fähigkeit oder Unfähigkeit beurteilte, fremdes Leid als eigenes zu empfinden. In der Alltagspraxis ist heute schon derjenige ein guter Mensch, der nichts Böses tut, der sich in nichts ungefragt einmischt und nicht stört. Nicht die natürliche Neigung zum Guten wurde zum Maßstab des guten Menschen, sondern die gewählte bequeme Lage zwischen Gut und Böse, die stetige und ausgeglichene Seelentemperatur. Das Häuschen mit dem Türschild »Mein Name ist Hase« und den Fenstern nach beiden Seiten ist vom Ortsrand ins Zentrum gerückt.

Was früher aus Unvernunft geschah, daran mißt man jetzt den aufgeklärten Verstand. Wovon man sich jahrhundertelang entfernte, dort ist man jetzt angekommen. Nicht zu Fuß, sondern hübsch flott mit dem Auto, wobei man es obendrein zum größten Triumph des Menschen erklärt, daß man zu Fuß wegging und mit dem Auto zurückgefahren kam.

Ja, also, der Wohlstand. Es gibt Wohlstand, und nicht mal wenig, und doch kann der Mensch weder im Heute noch im Morgen zuversichtlich leben, immerzu scheint es ihn innerlich zu frösteln, guckt er unruhig nach allen Seiten. Zum vollständigen Wohlstand fehlt ihm also was. Vielleicht er selbst – wie er bestenfalls sein könnte, und der Unterschied zwischen dem, was er geworden ist und dem, was er sein könnte, zieht ihn für jeden Schritt Abweichung zur Verantwortung.

Wenn Iwan Petrowitsch über das Leben in all seinem Umbruch und Wandel lange und stockend nachgrübelte, kam er stets zu dem alten Ergebnis. Damit für den Menschen das Leben erträglich sein kann, muß er zu Hause sein. Das ist es: zu Hause. Zuallererst muß er wirklich zu Hause sein, nicht irgendwo einquartiert, muß er in sich selbst, in seiner eigenen inneren Ordnung ruhen, wo alles seinen bestimmten, althergebrachten Platz und seine Aufgabe hat. Muß in einem Haus, in einer Wohnung zu Hause sein, von wo aus er zur Arbeit geht und auch zu sich selbst findet. Und zu Hause sein auf der Heimaterde.

Doch ein Zuhause gab es für ihn nirgends. Auf der Heimaterde war das, was nicht überflutet war, wegen der Holzgewinnung kahlgeschlagen, diese Erde wollte weder Gruß noch Fürsorge. In ihm war ein völliges Tohuwabohu wie auf einem zertrümmerten Wagen mit verrutschter Ladung. Wenn aber weder da noch dort eine Bleibe war, so würde es auch in der Mitte keine geben, wie sehr er sich auch mühte.

»Du gehst also weg?« hatte Afonja gefragt, als er einmal nach Feierabend mit ihm die Garage verließ. Iwan Petrowitschs Kündigung hatte sich schon herumgesprochen.

»Ja.«

»Und was ist dort, wo du hingehst?«

»Korn. Da wird gepflügt, gesät und hinterher geerntet. Weißt du noch, wie's in Jegorowka war?«

»Und der Verdienst?«

»Etwas weniger wahrscheinlich. Aber ich brauch jetzt nicht viel.«

Afonja fragte nicht das Richtige und Iwan Petrowitsch antwortete ihm nicht das Richtige. Bis Afonja sagte: »Wenn du weggehst und ich weggehe – wer wird dann bleiben?«

»Irgendwer bleibt schon.«

»Und wer? Wer ist irgendwer, Iwan Petrowitsch?« Das letzte Wort hatte Afonja mehr gestöhnt als gesprochen. »Äch! Wollen wir wirklich einfach alles liegenlassen? Ratzekahl abholzen und liegenlassen! Soll's doch nehmen, wer Lust hat!«

»Ich bin müde, Afonja. Hab mich ausgetobt. Siehst ja, mit mir ist nichts mehr los.«

»Und Jegorowka?«

»Was ist damit?«

Er hatte erwartet, Afonja würde sagen: In uns ist es, in uns. Hatte erwartet, er würde so reden: Wenn wir hier weggehen, ist es, als hätte es unser Jegorowka nie gegeben, aber solange wir hier sind, lebt auch die Erinnerung an unser Dorf. Weil er selbst genauso dachte.

Doch Afonja sagte: »Würdest du die Stelle im Wasser finden, wo Jegorowka gestanden hat?«

»Ich weiß nicht. Wenn ich's überdenke, ja.«

»Ich will nämlich diesen Sommer dort ein Zeichen setzen. Daß da Jegorowka stand, das sich mit seiner Leistung nicht zu verstecken brauchte und für Mütterchen Rußland gearbeitet hat.«

»Wie willst du das denn machen? Wer erlaubt dir das?«

»Und wer will es mir verbieten? Es gibt kein solches Verbot, Iwan Petrowitsch. Ich habe auch nie gehört, daß es so eins gegeben hätte. Wenn man's an Land darf, warum dann nicht auf dem Wasser?«

Iwan Petrowitsch besann sich. »Das sind doch Spielereien. Bist du ein kleiner Junge, dich mit so was abzugeben? Wem wird davon leichter?«

»Ach, Iwan Petrowitsch.« Afonja hatte irgendwie frei, aber nicht erleichtert, aufgelacht, es klang bitter. »Überleg doch mal: Wieviel Spielereien es überall gibt. Vielleicht ist meine ja nicht überflüssig?«

Er hatte seine Gasse erreicht und bog ab.

17

So ist es meist: Solange das Feuer noch nicht da war, hatten Afonja und er sich allein abgemüht, als es aber übersprang, kamen auch die Helfer gelaufen. Nun brodelte es im letzten Lagerhaus wie in einem Kessel, aus dem weißlicher Schaum flockte – wahllos flogen Mehl-, Graupen- und Zuckersäcke. Alles strebte dorthinein, zu Glut und Hitze. Und daran wäre nichts Schlechtes gewesen, schließlich ging es um Brot, das gerettet wurde, aber in dem Gewimmel der Retter waren auch Betrunkene. Einer war der junge Bursche, mit dem er das Dach abgeschlagen und später das Öl herausgeholt hatte. Ihn zerrte Iwan Petrowitsch vom Glutherd weg, als er schon nicht mehr wußte, wo er war. Zerrte ihn heraus und ließ ihn zur Straße hinuntertorkeln, wo er auf dem Mehl einen Schlafplatz fand. Einen anderen, einen Archarowzer mit versengter Wattejacke, stieß jemand von drinnen wie einen Sack heraus, und während er zwischen den Säcken lag und seine liebe Not hatte, sich wieder hochzurappeln, entdeckte Iwan Petrowitsch ladenneue Filzstiefel an ihm.

Sie warfen die Säcke gleich durch die Tür, nur um sie hinauszubefördern, dem Feuer zu entreißen. Aber auch hier, zwei Schritt vor der Lagerhalle, waren sie noch nicht geborgen. Wenn das Dach einstürzte, würde alles unter dem Feuer begraben werden. Iwan Petrowitsch machte sich daran, die Säcke zum Zaun zu schleppen. Er nahm sie nicht mehr auf den Buckel, sondern zog sie an den dürren Bauch und warf sie nach einem ungeschickten Anlauf den Abhang hinunter. Unten hob sie jemand auf und trug sie zur Straße. An der Art, wie der Jemand sie aufhob und linkisch an die Hüfte raffte, erkannte Iwan Petrowitsch den einarmigen Saweli.

Ein kräftiger Kerl, der einarmige Saweli, unverbraucht und zäh trotz seiner Jahre. Auch heute ackerte und ackerte er, flink und überlegt, und sein starker Arm hielt einen Sack, wenn er ihn gepackt hatte, wie eine Krebsschere fest.

Die Stimme eines Betrunkenen rief nach Iwan Petrowitsch. Wenn die Stimme ihn erreichte, konnte sie nicht aus dem Feuer kommen, also brannte der Rufer nicht – darum drehte sich Iwan Petrowitsch gar nicht erst um. Die letzten Minuten waren angebrochen.

Aus irgendeinem Grund hätte er gern gewußt, ob jetzt Nacht oder Morgen war. Dieser Wunsch war stärker als das Verlangen, sich fallen zu lassen und zu verschnaufen. Er sah zum Berg hinauf, von wo die Dämmerung kommen mußte, und ihm war, als ob die Finsternis dort feucht würde, trübe Nässe anzöge. Es war also kurz vor Tagesanbruch. Die Augen nach oben gerichtet, stolperte er und wäre fast gestürzt.

Und seltsam: mal verstummte alles rundum, und Iwan Petrowitsch tauchte in völlige Stille und Einsamkeit, mal wieder flogen ihm Geräusche zu, jagten Menschen an ihm vorüber. Dann hallte jeder Ruf abgerissen in ihm wider – als sei er für ihn bestimmt und ende bei ihm –, dann erkannte er, ohne hinzusehen, den ganzen Hof mit den nun schon durchweg brennenden Lagern, den zaunlos klaffenden Seiten und dem heillosen Durcheinander im Inneren.

An der Ecke, wo das Feuer ausgebrochen war, brannte es nur noch tief am Erdboden. Dort schien gewissermaßen das Zugloch zu sein, von wo sich die Lohe als weitgespanntes Joch über die Lagerhallenschultern schwang, nur an seinen Enden sah man in den Flammen noch dunkel die äußeren Lager, gleichsam als Lasten am Joch. Das Lager beim Laden hatten die Männer schon halb leergeräumt, dort ertönte wieder Koselzows Kommandostimme. Die Leute wogten vor und zurück, vor und zurück, von der Gluthitze zurückgeschleudert wie Mücken.

Das Hauptgeräusch, mit dem das Feuer wütete, war nicht Geprassel noch Gefauch oder Geheul, sondern ein Bersten, ein mächtiges Bersten – als bräche die Flamme aus Holz hervor, schlüge hoch und zerrisse den Himmel.

Das Geschrei auf dem Hof nahm kein Ende.

Die Lagerverwalterin Valja forderte von Wodnikow eine Kommission, damit unverzüglich ein Verzeichnis des Geborgenen angelegt werden könne. Der Bereichsleiter krächzte: »Was für 'ne Kommission? Hast du sie noch alle? Was soll jetzt 'ne Kommission. Guck dich doch um!«

»Nein, guck du dich um!« Valja fuchtelte mit ausgestreckten Armen im Kreis. »Was ist denn noch da, guck's dir doch an! Die Kästen waren gezählt«, sie zeigte auf die Wodkakästenstapel. »68 Kästen waren's – wo sind sie, die 68?«

»Zum Kuckuck mit deinen Kästen! Wer hat sie rausgeschleppt?Ich habe keine Anweisung dazu gegeben! Hätten ruhig verbrennen können.«

»Nein, zum Kuckuck mit deinen Arbeitern! Mir wird doch ein Strick draus gedreht!«

Ein Glutschwall brachte ihr in Erinnerung, was ihr drohte, so daß es ihr die zarte Kehle zuschnürte und sie von neuem losschluchzte. Als sie die Hände vom Gesicht nahm, war Wodnikow nicht mehr da, statt dessen trippelte Onkel Mischa Champo vor ihr herum, den es trieb, die Arme zu bedauern.

»Sieh dir das an, Onkel Mischa, sieh's dir an«, flehte sie zum zehntenmal unter Tränen und machte sich daran, Herumliegendes und Verstreutes zusammenzutragen.

Im Mehllager wurde am lautesten und unflätigsten geschrien – ohne gewaltsames Anstacheln und Anfeuern ging es nicht. Immer öfter hielten die Männer beim Hinauswerfen der Säcke inne, um nach Luft zu schnappen. Iwan Petrowitsch nahm nach wie vor welche auf und trug sie weiter. Er spürte weder Arme noch Beine und bei dem irrsinnigen Tempo auch nicht das Herz, es bockte nicht mehr. Er wußte nur noch eins: ansacken, festhalten und abwerfen, und diese unzähligen Male wiederholten, einfachen drei Handgriffe teilten seine Läufe in drei Atemzüge.

Als er einen Sack fallenließ, fühlte er, daß in dem allgemeinen Durcheinander irgendwas schiefging. Ihm war wirklich, als sähe er das Übel nicht, sondern fühle es und nähme es erst dann mit dem Blick wahr. Wieder lief eine Gestalt weiter, als das Durcheinander es erforderte, lief zum Badehäuschen und schaffte einen Sack hinein. Iwan Petrowitsch ging auf die Straße hinunter. Auf dem Rückweg zuckte die Gestalt zusammen, als die merkte, daß sie erwartet wurde, und legte einen Schritt zu. Saweli ließ sich nicht so leicht ins Bockshorn jagen.

»Was machst du denn da?« empfing ihn Iwan Petrowitsch. »Bist wohl am Verhungern?«

»Hast du was gesehen?«

»Ja.«

»Einen Scheiß hast du gesehen. Du hast gekündigt. Paß du lieber dort auf, wo du hingehst. Verstanden?«

Dabei legte er Iwan Petrowitsch seine einzige schwere Hand auf die Schulter.

Warum man den Leuten wohl auf die Schulter klopft, wenn man ihnen etwas Unrechtes einreden will?

Er war erschöpft. Sie hatten das letzte Lager geräumt und taumelten heraus, brüllend, abgehetzt, wütend. Auch Afonja Bronnikow, sonst ein ruhiger und ausgeglichener Mann, stieß ein viehisches Geheul aus, er ähnelte einem leibhaftigen Teufel: bemehlt, rußbeschmiert, zerrauft und zerzaust. Iwan Petrowitsch sah sie erstaunt und schuldbewußt an, als hätte er draußen keine Hand gerührt. Irgend etwas polterte im Inneren des leeren Lagers, fauchend schlugen Flammen hoch, und mit dieser letzten Eroberung waren alle Lebensmittellager zu einem einzigen hellauflodernden prasselnden Brand vereint.

Ein Mann war vollends von Sinnen und preßte verzweifelt röchelnd heraus:

»Nie ergibt sich dem Feind unser stolzer ›Warjag‹, auf Gnade rechnet nicht einer!«

Onkel Mischa Champo, der in dieser Hitzeschlacht alles mögliche gesehen hatte, rieb sich trotzdem die Augen: Da spielten zwei Fußball. Zerwamst und zerfleddert, einem großen lockeren Bündel ähnlich, flog der Ball vom Fuß des einen zum anderen und kullerte unter Tritten und Stößen im Zickzack zum niedergerissenen Zaun. Onkel Mischa sah sich nach jemandem um, dem er das zeigen konnte, doch es war gerade keiner in der Nähe. Der Ball war mittlerweile auf den Zaun geplumpst, etwas war herausgefallen. Ohne zu überlegen rannte Champo zu den Spielern. Einer von ihnen hob den Ball auf, warf ihn auf die Straße und sprang hinterher. Onkel Champo setzte ihm nach. Als der andere sich abermals nach dem Ball bückte, erreichte ihn Onkel Mischa, packte ihn mit der gesunden Hand am Kragen, riß ihn vom Erdboden hoch wie ein Kind und konnte noch feststellen, daß der Ball wirklich ein Bündel aus fächerartig abstehenden bunten Flicken war. Der ihn aufheben wollte, war Sonja.

Champo hatte gerade erst erkannt, wer und was das war, als ihn ein wuchtiger Schlag von der Seite traf. Es gelang ihm noch, auszuholen, Sonja den Arm um den Hals zu pressen und ihn an sich zu ziehen. Sonja schrie wie am Spieß und versuchte mit kleinen Sprüngen, Onkel Mischa den Schädel in den Leib zu stoßen. Wieder und wieder schlug jemand mit etwas Schwerem – nicht mit den Fäusten – auf Champo ein. Er reckte den Kopf, um zu sehen, wer das war, bekam ihn aber nicht hoch und hielt nur den lahmen rechten Arm vors Gesicht, um sich zu schützen. Und der andere schlug und schlug, schlug immer wieder zu …

So sah Iwan Petrowitsch sie später: Sie lagen umschlungen auf dem zertrampelten Schnee – der kleine, zum Schweigen gebrachte Sonja und der auf ihn gestürzte Onkel Mischa Champo mit verdrehtem Hals. Fünf Schritte entfernt lag das Stampfholz.

18

Alles hat einmal eine Ende. Auch diese entsetzliche Nacht ging vorüber, der Tag brach an, und bei seinem hellen Licht sank das Feuer zusammen und legte sich, fraß müde die Reste. Der Morgen war warm und feucht, beißender Rauch, der nicht aufsteigen wollte, hüllte die Siedlung ein und wich nicht von ihr. Am Ufer und auf dem Eis qualmten verkohlte Holzstücke, der aufgeweichte schlammige Hof, auf zwei Seiten scharf begrenzt vom breiten, rauchenden Streifen der Brandstätte, lag als etwas grauenhaft Endgültiges und Hoffnungsloses da. Auch das verschonte grüne Lädchen beruhigte keineswegs, sondern machte den Kummer, Schmerz und Brandgeruch durch den Kontrast nur noch schlimmer.

Unter einer riesigen neuen Plane lagen die geretteten Waren der Arbeiterversorgung immer noch mitten auf dem Hof. Ebenfalls unter einer Plane lagen die bisher nicht voneinander getrennten Onkel Mischa Champo und Sonja. An beiden Planen standen Wachen, die niemanden heranließen und keinerlei Auskunft gaben.

Man erwartete den Milizionär und einen Untersuchungsführer. Man erwartete eine Kommission – eine erste, zweite, dritte – die würden jetzt kein Ende nehmen. Man erwartete die eigene Leitung und den Besuch einer höheren. Bei Arbeitsbeginn waren an alle Adressen Telegramme abgegangen. Alle Arbeiten ruhten, still war es in der Garage und auf den Straßen, kein Laut drang vom unteren Lagerplatz. Man wartete.

Man wartete: Wie würde es weitergehen?

Als Iwan Petrowitsch von der Brandstätte zurückkam, legte er sich nicht hin. Der Ofen war schon angeheizt, Aljona würde selbst bei einem Bombenangriff nicht vergessen, das Haus zu versorgen, es kam auch sofort etwas auf den Tisch. Nachdem Aljona aufgedeckt hatte, brach sie in bitteres Schluchzen aus und sank aufs Bett.

Iwan Petrowitsch saß eine ganze Weile, ohne das Essen anzurühren, dann zog er sich andere Schuhe an, beobachtete aus dem Fenster wie der Rauch vom Ufer abzog, und ging hinaus. Er ging zu Afonja, um dort zu sein, ehe der eingeschlafen war. Aber auch Afonja dachte nicht daran, sich hinzulegen. Seine Tochter säuberte ihm zwei tiefe, blutverkrustete Wunden auf der Stirn und am Kinn und bestrich sie mit etwas. Als sie die Hände von ihm nahm, schlürfte er aus einem großen Blechbecher Tee.

Iwan Petrowitsch fragte: »Was sollen wir machen, Afanassi? Weißt du, was wir jetzt machen sollen?«

»Leben werden wir«, sagte Afonja stirnrunzelnd, sei es, weil man an seine Wunden, sei es, weil man an seine Seele gerührt hatte. »Eine schwierige Sache ist das, Iwan Petrowitsch, auf der Welt zu leben – und trotzdem ... trotzdem gibt's zu leben.«

Er trank noch einmal und fragte seinerseits: »Und was hast du beschlossen?«

»Wir werden leben«, antwortete Iwan Petrowitsch mit den gleichen Worten, nur in anderer Reihenfolge.

19

Still, traurig und verborgen, als hätte auch sie unter dem nächtlichen Unglück gelitten, lag die Erde im lockeren Schnee. Als ein vor Kummer entblößtes Feld glitt sie sanft abwärts und ging hinter ein paar spärlichen Kiefern ins Eis über. Auf dem Berg stand Wald, daraus schoben sich zwei dunkle öde Flächen ins Feld; schwarzer Wald schimmerte auch vorn, wohin Iwan Petrowitsch von der Siedlung aus ging, aber er war dort ganz licht, dahinter begann schon die Bucht. An die erste Ödfläche grenzte, sie vom Weg abdrängend, der Friedhof, wo dieser Tage ein von seinem Leiden erlöster Mann aus Jegorowka und ein unbekannter armer Teufel, der seinen Namen verloren hatte, der Erde übergeben werden sollten. Die Lebenden würden bestimmen, wo jeder ins Grab zu senken sei, doch die Erde, sie, die Gerechte und Schuldige, Landsleute und Fremde trägt, würde entscheiden, nach eigenem Ermessen beschließen, was danach aus jedem werden würde.

Still, ganz still war es ringsum – wie bei einem Klärvorgang, der neue Bewegung vorbereitet. Der Rauch von der Siedlung reichte nicht bis hierher, im morgenhellen, gedämpften Licht war weite und klare Sicht. Der schwer gewordene Himmel, von fahlem Weiß wie das getaute Feld darunter, senkte sich bis weit hinter die Angara, wo die Sonne untergeht. Auch dort stand dunkler Wald, auch dort war er nicht dicht.

Doch schon spannten sich sensibel die kleinen Kiefern am Ufer, reagierten auf die erste Erwärmung, die Luft roch leicht rauchig, schon pappte der Schnee unter den Füßen, bekam die ferne Flußniederung weichere Konturen. Der

Frühling hatte auch diesen Landstrich gefunden – und die Erde erwachte. Jetzt würde sie große Bestandsaufnahme machen, was überdauert hatte und was abgestorben war, was von den Menschen hinzugefügt und was weggenommen wurde, würde das Unbeschädigte und nicht Abgestorbene zu einem einzigen großen Leben sammeln und zum Hervorbringen bereitmachen. Die Sonne brauchte nur wärmer zu scheinen, dann würde die Erde wie in jedem Frühling wieder alles, was sie barg, zum Grünen und Blühen bringen und es dem vereinbarten Bearbeiten überlassen. Ohne sich daran zu erinnern, daß der Mensch sich nicht an die Vereinbarung hält.

Erde ist nie allein.

Iwan Petrowitsch lief und lief, entfernte sich immer weiter von der Siedlung und, wie ihm schien, von sich selbst, drang immer tiefer in die gewonnene Einsamkeit. Nicht darum nur empfand er Einsamkeit, weil kein Mensch bei ihm war, sondern auch, weil er Leere und Eintönigkeit in sich fühlte. War es Einverständnis oder Müdigkeit, vorübergehende Verzauberung oder einsetzende Verhärtung – wer weiß! –, aber er schritt leicht, befreit, gleichmäßig, als hätte er unverhofft ein Schritt- und Atemmaß gefunden, als sei er endlich auf dem richtigen Weg. Es roch nach Harz, doch nicht der Mensch in ihm roch das Harz, sondern etwas anderes, das mit dem Harzgeruch in eins verschmolz; ein Specht klopfte an trockenes Holz, doch das war kein Specht, sondern sein Herz, das dankbar und eilig auf etwas ansprach. Er sah sich von weither und in der Ferne: Ein kleiner verirrter Mensch, der die Hoffnung, ein Zuhause zu finden, aufgegeben hat, geht über die Frühlingserde, gleich wird er ein

Wäldchen erreichen und für immer dahinter verschwinden.

Die Erde sagt ihm schweigend halb Willkommen, halb Lebwohl.

Sibirien ohne Romantik

Essay

»Dieser riesige Raum insgesamt trägt den Namen Sibirien, der ihm wohl auch für immer bleiben wird, weil nichts anderes daraus werden kann als Sibirien.«

W. K. Andrijewitsch,
Historiker Sibiriens

Das Wort Sibirien – und weniger das Wort als vielmehr der Begriff – klingt schon lange wie eine Sturmglocke, die von etwas Unbestimmtem, Mächtigem kündet, das bevorsteht. Früher läutete sie bald leiser, wenn das Interesse an Sibirien plötzlich nachließ, bald wieder lauter, wenn es zunahm; heute hallen ihre Schläge ununterbrochen und mit wachsender Lautstärke. Sibirien! Sibirien! Manche hören Zuversicht und Hoffnung aus dem klangvollen Namen, andere das rastlose Vordringen des Menschen in der fernen Region, wieder andere hören nichts Bestimmtes, lauschen aber im gewissen Vorgefühl auf die Veränderungen, die aus diesem Land zu erwarten sind und Erleichterung bringen könnten. Emotionen löst Sibirien unweigerlich selbst bei denen aus, die es noch nie gesehen haben und von seinem Leben und seinen Interessen weit entfernt sind. Es hat in das Leben und die Interessen vieler, vieler Menschen Eingang gefunden – wenn nicht als physischer, materieller Begriff, so als moralischer, der eine unklare, willkommene Erneuerung verheißt.

Im achtzehnten Jahrhundert hieß es: Sibirien ist unser

Peru und Mexiko. Im neunzehnten: Das sind unsere Vereinigten Staaten. Im zwanzigsten: Sibirien ist eine kolossale Energiequelle, ein Land unbegrenzter Möglichkeiten. Wie wir sehen, ändert sich die technische Ausrüstung des Menschen, so ändern sich seine Bedürfnisse und damit die Bewertungen Sibiriens. Von Naturreichtümern an der Erdoberfläche und dicht darunter bis zu den ergiebigen Reichtümern in der Tiefe – alles gibt es in Sibirien, jedem Jahrhundert hat es Genüge getan, und betrachtet man die Bewertungen von den ersten Gerüchten an bis zu den letzten wissenschaftlich-ökonomischen Begründungen, erscheint ständig der Superlativ. Und schon heute wendet sich die Erde, da sie Anzeichen von Atemnot verspürt, Sibirien als der »Lunge des Planeten« zu. Schon heute ... Es liegt auf der Hand, was in dreißig, vierzig und fünfzig Jahren die größte und bleibende Notwendigkeit für die Menschen sein wird und wofür Sibirien sich als wahrhaft heilsame und rettende Kraft erweisen könnte.

Wir haben uns an die Sprache der Vergleiche gewöhnt, aber kein Vergleich sagt etwas über Sibirien aus. Wir können lediglich die Ergebnisse seiner Erschließung durch Menschenhand messen, nicht mehr. Es gibt nichts in der Welt, was sich Sibirien als Analogon an die Seite stellen ließe. Wahrscheinlich könnte es als selbständiger Planet existieren, es hat alles, was auf solch einem Planeten in den drei Reichen der Natur – auf der Erde, unter der Erde und in der Luft – vorhanden sein muß. Sein eigentliches Leben ist ungemein mannigfaltig an Arten und Merkmalen und läßt sich mit bekannten Begriffen nicht benennen. Mit allem, was es an Schlechtem und Gutem, Offenem und Verborgenem, Vollbrachtem und Unvollbrachtem, Ermutigendem und Unzugänglichem dort gibt, ist es Sibirien – Sibirien, das auf seinem Platz liegt, seinen Namen hat und seinen eigenen, mit nichts anderem vergleichbaren Charakter. In allen Himmelsrichtungen und von einem Ende zum anderen ist es vom eigenen Geist beseelt, der sich bis heute gleichsam unschlüssig ist, ob er gut oder böse sein soll – je nachdem, wie der Mensch sich hier benehmen wird. In den vierhundert Jahren, die seit der Eroberung Sibiriens durch die Russen vergangen sind, ist es wohl derselbe Riese geblieben, den man zwar gezähmt und stellenweise ein annehmbares Aussehen gegeben, aber immer noch nicht ganz geweckt hat. Und dieses Erwachen, dieses geistige Bewußtwerden seiner selbst steht noch bevor, möchte man hoffen.

Das Wort Sibirien ist noch immer nicht gedeutet, seine genaue etymologische Erklärung noch nicht gefunden. Für den Außenstehenden, der Sibirien nur vom Hörensagen kennt, ist es ein riesiges, rauhes und reiches Land mit gleichsam kosmischen Dimensionen, einschließlich kosmischer Kälte und Unwirtlichkeit. Im alteingesessenen Sibirien sieht er eher ein rätselhaftes Naturprodukt als ein Produkt der rätselhaften Menschheit, wie er selbst eines ist. Für uns, für diejenigen, die in Sibirien geboren sind und hier leben, ist es das teuerste und vertrauteste Land der Welt, unsere Heimat, die wie jede Heimat der Liebe und des Schutzes bedarf – des Schutzes vielleicht mehr als jedes andere Land, weil es hier bis jetzt noch etwas zu schützen gibt. Was andere an Sibirien erschreckt, sind wir nicht nur gewohnt, wir brauchen es: Für uns atmet es sich leichter, wenn im Winter Frost herrscht und nicht Tauwetter; die unberührte, wilde Taiga wirkt beruhigend auf uns, nicht beängstigend: die unermeßlichen Weiten und mächtigen Ströme haben unsere freie, eigensinnige Seele geformt. Verschiedene Ansichten über Sibirien – die von außen und die von innen – hat es immer gegeben; bei allen Verschiebungen, Schwankungen und Annäherungen sind sie bis heute verschieden geblieben. Die einen sind es gewohnt, Sibirien als reiche Provinz zu betrachten, und verstehen unter Entwicklung unseres Landes, es rasch und mit Macht von seinen Reichtümern zu befreien; die anderen, die hier leben und Patrioten ihrer Heimat sind, haben seine Entwicklung nie nur als industriellen Aufbau, als Ausbeutung der Naturschätze gesehen. Das darf zwar auch sein, aber in vernünftigen Grenzen. Damit nicht endgültig verdorben wird, was morgen von unschätzbarem Wert ist und was schon heute für den nüchternen, nicht von Industrieabgasen benebelten Verstand vor allen anderen Reichtümern rangiert. Das ist die von den sibirischen Wäldern erzeugte Luft, die man ohne Schaden für die Lungen atmen kann, das ist das saubere Wasser, nach dem die Welt schon jetzt enormen Durst verspürt, und das ist die unverseuchte, unverbrauchte Mutter Erde, die weitaus mehr Menschen ernähren kann, als sie es heute tut.

Im Grunde könnte die Menschheit, wenn sie auf Sibirien und noch ein paar bislang geschützte Gebiete baut, ein neues Leben beginnen. So oder so wird sie sehr bald fundamentale Probleme zu lösen haben, falls sie fortzubestehen gedenkt: Was atmen wir, was trinken und was essen wir, und wie, zu welchen Zwecken gebrauchen wir unseren Menschenverstand? Der Planet Erde gründet sich immer mehr auf diese vier Pfeiler, von denen heute nicht einer als zuverlässig gelten kann. Wenn das Wort Sibirien in seinem ursprünglichen Sinn nicht »Rettung« bedeutet, könnte es ein Synonym für Rettung werden. Dann würde sich die im Vergleich zu Nordamerika verzögerte Kolonisierung Sibiriens, die man dem alten Rußland lange zum Vorwurf gemacht hat, als großer Vorteil erweisen, und dann hätte der russische Mensch Grund genug zu der Annahme, einen beträchtlichen Teil seiner Bestimmung auf der Erde erfüllt zu haben.

»Hier aber ist Anlaß, dem Volkscharakter Gerechtigkeit widerfahren zu lassen. Festigkeit in den Unternehmungen, Beharrlichkeit in der Ausführung sind Eigenschaften, die das russische Volk auszeichnen. Und wenn das hier keine Abhandlung wäre, so ließe sich nachweisen, daß Unternehmungsgeist und Unbeirrbarkeit im Verfolg des einmal Begonnenen der Hauptgrund für die Erfolge der Russen war und ist.«

A. N. Radistschew
Die Mär von Jermak

Obwohl Sibirien auf dem gleichen Kontinent liegt wie Europa und lediglich durch das Uralgebirge von ihm getrennt ist, das man als durchaus zugängig betrachten kann, wurde es für die zivilisierte Menschheit fast hundert Jahre später erschlossen als Amerika.

Natürlich waren seit altersher verworrene Gerüchte über Sibirien im Umlauf, und natürlich trieb der Russe, ebenjener beharrliche Nowgoroder, in diesen Gebieten Handel und Gewerbe, drang er übers Festland und die nördlichen Meere dorthin vor, aber weil das für ihn etwas

Selbstverständliches war, erstattete er niemandem von seinen eigenmächtigen Expeditionen Bericht und gab die Erfahrungen nur an seine Söhne weiter. Die Nowgoroder kannten die Jugra (wie die nördlichen Gebiete östlich des Urals hießen) bereits im elften Jahrhundert, vielleicht sogar schon früher; das Wort Sibirien erschien in russischen Chroniken erstmals zu Beginn des fünfzehnten Jahrhunderts, im Zusammenhang mit dem Ableben des Chans Tochtamysch, desselben Tochtamysch, der – bereits nach der Schlacht auf dem Kulikowo-Feld während der Regierungszeit von Großfürst Dmitri Donskoi – Moskau niederbrennen ließ, sich jedoch nicht lange an der Macht hielt und infolge persönlicher Fehden »in sibirischen Landen« erschlagen wurde.

Was die Gerüchte über Sibirien angeht, die schon im Altertum von Zeit zu Zeit in Westeuropa kursierten, so enthielten sie so viele Unwahrheiten und Märchen, daß sie die einen abschreckten, andere aber schon damals belustigten. Auch Herodot verwendet ja in seinem Geschichtswerk Gerüchte und schreibt, offenbar auf den Ural gemünzt: »Am Fuß eines hohen Gebirges leben Menschen, die von Geburt an kahlköpfig und plattnasig sind und längliche Kinnladen haben.« Danach kommen auch ihm Zweifel: »Die Kahlköpfigen berichten, was ich übrigens nicht glaube, daß im Gebirge angeblich Menschen mit Ziegenbeinen leben und dahinter andere, die sechs Monate im Jahr schlafen.«

Für Ausländer ist es im Altertum und im Mittelalter noch verzeihlich, wenn sie meinen, das Innere Asiens sei von Ungeheuern mit Hundeköpfen oder sogar ganz ohne Kopf besiedelt, die Augen und Mund auf dem Bauch haben, aber auch eine russische Quelle des sechzehnten Jahrhunderts, in dem die staatliche Angliederung Sibiriens an Rußland begann, wiederholt bei der Schilderung des Landes hinter dem Ural die alten Märchen, daß die Menschen dort angeblich zu Wintersanfang stürben und im Frühjahr wieder lebendig würden. Was Wunder, wenn man mich vor einigen Jahren in Westberlin fragte, was man in Sibirien denn im Winter mache, und allen Ernstes glaubte, im Winter könne man bei uns nur schlafen.

Bei dem Literaten P. A. Wjasemski, einem Freund Puschkins, gibt es zu Meinungen solcher Art einen interessanten Ausspruch: »Wenn Sie wollen, daß ein kluger Mann, Deutscher oder Franzose, eine Dummheit vom Stapel läßt, dann veranlassen Sie ihn, sich über Rußland zu äußern. Das ist ein Gegenstand, der ihn benebelt und sofort sein Denkvermögen trübt.« Das läßt sich erst recht auf Sibirien anwenden. Dazu braucht man nicht erst nach Europa zu gehen: Auch hierzulande hat Sibirien geraume Zeit so manchem den Verstand getrübt, der in seinen Ansichten darüber solch ungereimtes Zeug, solchen Unsinn verzapfte (und es mitunter heute noch tut), daß man nur bedauern kann, daß sich niemand gefunden hat, all das spaßeshalber zu sammeln und in einem Buch zu veröffentlichen. Der Unsinn blieb jedoch nicht immer harmlos und schlug sich zuweilen in Verordnungen nieder, die befolgt werden mußten.

Wie schon im Altertum sucht der Mensch auch heute noch nach Wundern, die der wissenschaftlichen Weltordnung widersprechen. Sibirien war vermutlich eines der Gebiete, die der menschlichen Lust zu zweifeln und dem menschlichen Widerspruchsgeist seinerzeit eine arge Enttäuschung bereiteten: Hier ist es im Grunde genauso wie überall.

Eroberer Sibiriens war bekanntlich Jermak Timofejewitsch. Daß Jermak und seine Gefolgschaft Kosaken waren, besagt sehr viel. »Kasak« ist ein tatarisches Wort und bedeutet Kühner, Verwegener, einer, der mit seinem Stand gebrochen hat. Das Kosakentum in der Rus entstand bald nach der Abschüttelung des Tatarenjochs, es entwickelte sich im Laufe des sechzehnten Jahrhunderts mit der Verschärfung der feudalen Zwänge und der Leibeigenschaftsabhängigkeit des russischen Volkes. Leute, die keinerlei Joch zu ertragen gewillt waren, auch nicht vom eigenen Staat, flohen davor in die sogenannte Wilde Steppe, die am Unterlauf von Don und Wolga lag, gründeten dort ihre Siedlungen, wählten Atamane, gaben sich Gesetze und begannen ein neues, freies, keinem Staat und keinem Chanat unterworfenes Leben. Später allerdings mußten sich die russischen Kosaken der Zarenmacht unterstellen, weil sie sonst nicht hätten überleben können, im sechzehnten Jahrhundert aber waren sie noch ihre eigenen Herren. Die zaristischen Machthaber konnten sie, mit ihren patriotischen Gefühlen spielend, gegen die unruhigen südlichen Nachbarn – die Türkei, die Krim- und die Nogai-Tataren – einsetzen, konnten aber auch wegen deren Eigenmächtigkeiten oder als diplomatisches Manöver ebendiese Nachbarn zu Strafexpeditionen gegen sie schicken – die Beziehungen zwischen Moskau und dem freien Kosakentum waren stets kompliziert, vor allem in der ersten Zeit. Eins war gut: Wenn Rußland ernste Gefahr drohte, hielten es die Kosaken für ihre Pflicht, es zu verteidigen, gleichviel, von wo die Gefahr ausging – ob von der nahen Türkei oder vom fernen Litauen. Am Livländischen Krieg nahm am Vorabend seines sibirischen Feldzugs auch Jermak Timofejewitsch teil, wie spätere Historiker nachweisen.

Bei der Eroberung und Erschließung Sibiriens spielten die Kosaken eine außerordentliche, nahezu übernatürliche Rolle. Nur ein besonderer Stand von verwegenen, waghalsigen Leuten, die nicht durch die drückende russische Staatsgewalt gebrochen waren, konnte das Wunder vollbringen, das ihnen gelang.

Wenn von Jermak die Rede ist, fällt es schwer, nicht innezuhalten und an unsere russische Gedächtnisschwäche und Schludrigkeit zu denken. Von der Abschüttelung des Tatarenjochs bis zu Peter dem Großen hat es im Schicksal Rußlands nichts Gewaltigeres und Wichtigeres, nichts Glücklicheres und Geschichtsbestimmenderes gegeben als die Angliederung Sibiriens, in dessen Weiten die alte Rus mehrmals Platz gehabt hätte. Nur läßt die bloße Tatsache unsere Vorstellungskraft schon in Ratlosigkeit erstarren – sie scheint gleich hinter dem Ural im tiefen sibirischen Schnee steckenzubleiben. Von Kolumbus aber, dem Entdecker Amerikas, wissen wir alles: woher er stammte, was er vor seiner »Sternstunde« machte; wir wissen auf den Monat und den Tag genau, wann er seine erste Seereise antrat, wann die zweite, dritte und vierte, wann er die amerikanische Küste erreichte, wann sein Flaggschiff, die »Santa Maria«, auf ein Riff lief und was danach geschah ... Aber was heißt Kolumbus! Selbst von den Kaisern und Patriziern der römischen Antike wissen wir mehr als von Jermak. Schön, er konnte kein Bordbuch führen wie Kolumbus, wurde nicht wie der Morde ersinnende Nero von einem beflissenen Historiker begleitet, aber es fand sich auch nicht einer, der die Bedeutung seiner Persönlichkeit und die Größe seines Unternehmens begriffen hätte. Erst später haben wir uns besonnen, als sich herausstellte, daß wir weder Jermaks Namen noch seine Herkunft kennen, uns nicht gemerkt und nirgends festgehalten haben, in welchem Jahr er gegen Kutschum zog, wie viele Kosaken sein Trupp zählte und welche Hilfe er von den Stroganows dafür erhielt, ob er die Hauptstadt des sibirischen Chanats Isker auf Anhieb erreichte, wie der bekannte Historiker R. G. Skrynnikow annimmt, oder ob er nach der Überwinterung umkehren und sich neu ausrüsten mußte. Die Stroganowschen Chroniken müssen wir insofern der Ungenauigkeit verdächtigen, als sie von den Stroganows sind, die die Rolle dieser Familie bei der Angliederung Sibiriens womöglich übertrieben haben; auch der anderen Quelle, dem Seelmessenregister des Erzbischofs von Tobolsk, Kiprian, das vierzig Jahre nach Jermaks Tod aufgrund von Berichten der Überlebenden des Feldzugs entstand, müssen wir mißtrauen: Hochwürden lag zu sehr daran, Jermak im Interesse seiner Kirche zum Heiligen zu machen, weshalb er nicht gezögert hätte, Fakten aus seinem Leben, die nicht zur Heiligsprechung paßten, zu beschönigen oder zu unterschlagen. Nicht umsonst heißt es: Wer die Gegenwart beherrscht, beherrscht auch die Vergangenheit.

So rätseln wir nun schon über Hunderte von Jahren: Stimmt es, daß sich Jermak, wie es in Volksliedern besungen wird, vor Sibirien ähnlich Stepan Rasin an der Wolga und am Don herumtrieb und sich an Kaufmanns- und

Zarenkarawanen vergriff? Oder erkennt das Volk seinem Helden, um ihn zu preisen, in Verwechslung der Tugenden Taten zu, die er gar nicht begangen hat? Wir streiten: Ist Jermak ein Beiname oder eine Kurzform des Vornamens Jermolai? Oder vielleicht von Jeremej oder Jermil? Der Streit darüber dauert bis heute an. 1981 erschien in Irkutsk das Buch »Jermak Timofejewitsch« von A.G. Sutormin, in dem zu lesen ist: »Somit stammt Jermak nicht vom Don, sondern vom Fluß Tschussowaja im Ural. Sein Vorname ist Wassili, sein Vatersname Timofejewitsch, sein Nachname Aljonin ... Jermak ist nur ein Beiname, ein Spitzname.« In R. G. Skrynnikows Buch »Jermaks sibirische Expedition« (Nowosibirsk, 1982) heißt es mit der gleichen Bestimmtheit ganz anders: »Möglich, daß es auf den Stroganowschen Erbgütern im sechzehnten oder siebzehnten Jahrhundert einen Räuber Wassili Aljonin gab, aber mit Jermolai Timofejewitsch – dem historischen Jermak – hatte er nichts zu tun ... Was den Namen Jermak angeht, so ist er nicht als Beiname zu verstehen, sondern als Abkürzung von Jermolai.«

Die Wahrheit zu entdecken wird heute kaum gelingen, wenn es schon früher nicht gelungen ist, als man den tatsächlichen Geschehnissen noch näher war. Allem Anschein nach wird Jermak, der »von Stand und Herkunft unbekannt, ob seines Geistes vielbenannt« Gewesene (Karamsin), auch weiterhin Jermak bleiben müssen. Man könnte Großmut walten lassen und sagen, darum geht es nicht. Nein, wieso – auch darum geht es. Wir sollten nicht auch noch stolz darauf sein, daß wir unser enges Verhältnis zu unseren Helden unserem kurzen Gedächtnis zu verdanken haben. Doch wie sich erweist, hat das Schlechte auch hier sein Gutes: Zu den Jermak gegenwärtig erwiesenen Ehrungen, die das schon erwähnte Buch von A. G. Sutormin anführt, zählt auch folgende: »In der jungen sibirischen Stadt Angarsk mehrt die Chemikersportgemeinschaft ›Jermak‹, so benannt zu Ehren des Entdeckers, erfolgreich ihr sportliches Ansehen.« Einen Chemikerklub mit dem vollen und außerdem rechtmäßigen Namen zu benennen, wäre immerhin umständlich gewesen.

Aber hierum geht es nun wohl wirklich nicht. Die ganzen vierhundert Jahre hindurch, die seit der legendären Expedition vergangen sind, erinnert sich das russische Volk, wie folgt:

»Am wilden Ufer des Irtysch
Jermak saß, von Gedanken schwer.«

Betrachtet man den ersten sibirischen Helden und seine Leistung, tut man offensichtlich am besten daran, den bekannten, von der Geschichte gebahnten Wegen zu folgen. Die Korrekturen, die von den heutigen Forschern vorgeschlagen werden, erscheinen nicht überzeugend genug, als daß sie vorbehaltlos akzeptiert werden könnten. So besteht kaum ein Grund, Jermak in dem Teil seiner Biographie, der sich auf das Bandenleben an der Wolga bezieht, reinzuwaschen, indem man zu beweisen versucht, daß er sich mit dem gemeinen »Diebsgewerbe« gar nicht befassen konnte. Seine Gefährten konnten es – nur er nicht. Sicherer ist es wohl, sich hierbei auf das Gedächtnis und das Empfinden des Volkes zu verlassen, das Wagemut und Kühnheit dieser Art selten zu Unrecht vergeben hat. Wenn man die damaligen Zeiten und Sitten kennt, kann man ohnehin kaum annehmen, daß ein Mann, der wenigstens zwanzig Jahre in der Wilden Steppe verbracht hatte und Ataman geworden war, sich der für die Kosakenhaufen üblichen Beschäftigungen enthalten haben sollte, wie es im Lied heißt:

»Hör mich an, sprach er, Zar du Schrecklicher, hör die Bitte von Jermak,
ganz Sibirien, Zar, will ich schenken dir: Um Vergebung fleht Jermak!«

Jermak und sein Gefolge trieben sich also an der Wolga herum, nahmen an Schlachten und Scharmützeln teil, während die berühmte Kaufmannsfamilie Stroganow sich um diese Zeit gerade im östlichen Grenzgebiet des Russischen Reiches, an den Flüssen Tschussowaja, Kama und Lyswa im Ural, niedergelassen hatte und dort einträglich Salzsiederei, Ackerbau und verschiedene Gewerbe betrieb. Mit dem schon Erworbenen nicht zufrieden, erbat sie von Iwan dem Schrecklichen die Erlaubnis, die Gebiete am Tobol und Irtysch in Besitz nehmen zu dürfen. Eine solche Erlaubnis zu erteilen kostete den Zaren nichts: Das Land gehörte nicht ihm, dort schaltete und waltete der Chan Kutschum, der die sibirischen Stämme vereinigt und dem Islam zugeführt hatte. So richteten die Stroganows begehrliche Blicke auf die reichen Weiten, die ihnen angeblich, in Wirklichkeit aber nicht gehörten, der erstarkte Kutschum indes überfiel immer öfter die schon errichteten Siedlungen. Unter diesen Bedingungen ist es natürlich, daß die Stroganows die Kosaken um Hilfe baten.

Wir können heute nicht mehr genau in Erfahrung bringen, von wem die Initiative ausging – von Jermak, als er sich von der Wolga zurückziehen mußte, um keine Schwierigkeiten zu bekommen, oder wirklich von den Stroganows, die sich endlich zu ernsthaftem Vorgehen gegen ihren östlichen Nachbarn entschlossen –, wie wir auch nicht wissen können, ob Jermak vor dem schwierigen und gefährlichen Feldzug nach Sibirien Zweifel an seinem Vorhaben kamen, aber es wäre schade gewesen, wenn an seiner Stelle ein anderer gegen Kutschum gezogen wäre. War für diese Rolle doch keiner besser geeignet als Jermak, der Mann von unten, der gleichsam vom Volk nach Sibirien geschickt wurde, und ihm dann den Ruhm auch nicht versagte. Er und Stepan Rasin wurden zu Lieblingen des russischen Volkes, zum Inbegriff seiner lange gehegten Freiheitsbestrebungen. Während jedoch Stepan Rasin mit seinem Aufstand Freiheit in den alten russischen Landen erstrebte, entdeckte Jermak der Freiheit märchenhafte, scheinbar end- und grenzenlose neue Lande, stieß er ihr gleichsam weit die Tore auf.

Er begann seinen Feldzug in das Land jenseits des Ural 1581, anderen Vermutungen zufolge 1579 oder 1582. Als das dreihundertjährige Jubiläum dieses Ereignisses begangen wurde, schrieb eine der russischen Zeitschriften: »Es war schon eine erstaunliche Tat von Jermak, mit einer Handvoll Kosaken ein ganzes Reich in Besitz zu nehmen. Wie sehr die Flinte auch dem Bogen überlegen ist, man darf dennoch nicht vergessen, daß Heuschrecken Lagerfeuer löschen können, wenn sie ihnen im Wege sind, auch wenn sie dabei in Massen zugrunde gehen. Die Kosaken waren ganze 500, während der Feind nach Tausenden zählte und sich in hartnäckiger Gegenwehr behauptet hätte, wenn an der Spitze der tapferen Russen nicht die hervorragende Feldherrenpersönlichkeit Jermak gestanden hätte und die inneren Bande, die die sibirischen Stämme zusammenhielten, fester gewesen wären. Wenn wir Jermaks Leistung rühmen, kommen wir nicht umhin, auch darüber zu staunen, daß das historische Gesetz, das Rußland nach Osten, nach Asien, trieb und es bis heute in diese Richtung lenkt, durch einen Mann aus dem Volk verkörpert wurde. Den ersten, entscheidenden Schritt über den Ural tat Jermak, andere sind ihm gefolgt.«

Diese anderen haben eine nicht minder erstaunliche Leistung vollbracht.

»Nein! Alles, was das russische Volk in Sibirien tun konnte, hat es mit außerordentlicher Energie getan, und das Ergebnis seiner Mühen kann ob seiner Gewaltigkeit nur in Erstaunen setzen. Zeigen Sie mir ein anderes Volk in der Weltgeschichte, das in anderthalb Jahrhunderten ein Gebiet durchquerte, größer als ganz Europa, und in ihm Fuß faßte! Was immer das russische Volk vollbrachte, es überstieg seine Kräfte, ging über die historische Ordnung der Dinge hinaus.«

N. M. Jadrinzew

Unverständlich ist, warum N. M. Jadrinzew, der bekannte sibirische Schriftsteller und Wissenschaftler des vorigen Jahrhunderts, von anderthalb Jahrhunderten spricht, in denen das russische Volk Sibirien durchquert und dort Fuß gefaßt habe. Offenbar bezieht sich das mehr auf das »Fuß fassen«, also darauf, Sibirien in seiner ganzen Größe und Weite in Besitz zu nehmen und zu entscheiden, wo Ackerbau zu treiben, wo zu jagen und wo nach Erzen zu graben sei.

Jermak nahm die Hauptstadt des sibirischen Chanats Isker im Herbst 1582 ein, im August 1585 fiel er in einem ungleichen nächtlichen Kampf, worauf sich der überlebende Rest seiner Abteilung zurückziehen mußte; aber schon 1639 errichtete Iwan Moskwitin, ein Mann im Staatssold vom Jenissej, am Ufer des Ochotskischen Meers ein Winterlager, und die Russen erreichten den Stillen Ozean; 1648 überquerte Semjon Deshnew die Meerenge, die Amerika von Asien trennnt. Unfaßbar! Wer sich nur einigermaßen diese riesigen, unermeßlichen Entfernungen vorstellen kann, der greift sich an den Kopf. Ohne Wege, sich nur auf Flüssen fortbewegend, ihre Barken und die schweren Lasten mühsam von Wasserweg zu Wasserweg schleifend, in Erwartung des Eisgangs an unbekannten Orten und umgeben von feindlich gesonnenen einheimischen Nomaden in eilends zusammengezimmerten Hütten überwinternd, von Kälte, Hunger, Krankheiten und Insekten geplagt, von wilden Tieren bedroht, auf jeder Passage Leute und Kräfte einbüßend, in Ermangelung zuverlässiger Karten und Angaben auf Gerüchte angewiesen, die sich als falsch erweisen konnten, gingen sie vorwärts und vorwärts, weiter und weiter nach Osten, oft nur eine Handvoll Leute, nicht ahnend, was sie morgen und übermorgen erwartete. Winterlager an den Flüssen, befestigte Siedlungen, Wegeskizzen, schriftliche Aufzeichnungen »ausforschender Gespräche«, Erfahrungen im Umgang mit den Eingeborenen, Äcker, Salzsiedereien oder einfach nur Wegmarkierungen – das alles gab es ja erst nach ihnen, für sie jedoch geschah alles zum erstenmal, stellte alles unerforschtes, gefährliches Neuland dar. Heute, wo wir jeden Schritt und jede Tat der Erbauer und Bezwinger Sibiriens ohne Zögern als heroische Leistung bezeichnen, täten wir gut daran, uns zu erinnern, uns ein wenig öfter vorzustellen, was die allerersten Schritte und Taten für unsere Vorfahren bedeuteten.

»Er durchstreift die Wälder und die unendlichen Schneefelder am Tobol mit einer schweren Flinte auf dem Rücken, die ihm für die Dauer der Expedition aus dem Arsenal des Wojewoden geliehen wurde. Er sucht neue Zobelflüsse, zeichnet Karten. Auf Schneeschuhen durchmißt er riesige schneebedeckte Weiten, jagt auf einem zottigen braunen Pferd dahin und führt ein zweites am Zaum, sitzt im Heck eines breiten flachbodigen Bootes, über sich ein Segel aus weißgegerbtem Leder. Auf ihn lauern Gefahren. Er hört einen schwarzgefiederten Pfeil sirrend auf sich zufliegen. Er schont sich nicht im Kampf Mann gegen Mann, seine Narben sind am Ende seines beschwerlichen Lebens nicht mehr zu zählen. Er schläft im Schnee, ernährt sich von dem, was er gerade findet, sieht jahrelang kein frisches Brot, ißt oft ›jeglich garstig Zeug‹ und Kiefernrinde. Lange Jahre bleibt die Staatskasse ihm seine Entlohnung schuldig: Geld, Korn und Salz. Wenn er aufbricht, um neue Flüsse und Landstriche zu entdecken, kauft er alles aus eigener Tasche, macht nie rückzahlbare Schulden, unterschreibt Pfandbriefe.«

So zeichnet der bekannte Autor Sergej Markow zu Beginn seines Essays über Semjon Deshnew das Porträt eines Entdeckers. Und das war noch längst nicht alles Ungemach, das auf den weiten Wegen der »Beutemacher«

und »Gewinnsucher« lauerte. Man denke sich noch die Ungerechtigkeit und Habgier der Wojewoden, so des Truchseß Pjotr Golowin in Jakutsk; die Hinterlist und die Verrätereien der kleinen einheimischen Fürsten, auf die kein Verlaß war; die Ausplünderung, Bespitzelung und Denunzierung durch die Aufpasser, ohne die kaum ein russisches Unternehmen auskam; den zu blutigen Auseinandersetzungen führenden Kampf mit abtrünnigen Gefolgsleuten wie Chabarows mit Poljakow oder Deshnews mit Staruchin – alles das kam noch zur rauhen sibirischen Natur hinzu. Sie erlitten Schiffbruch, verschwanden spurlos, ohne eine einzige Notiz über sich zu hinterlassen, überwinterten mehr als einmal an Orten, die heute als Kältepole bezeichnet werden, verloren in den Polarnächten den Verstand ... Genug! Sibirien hat ihnen seinen vollen Tribut abverlangt. Sie zogen aus als an Leib und Seele kräftige Kosaken, bereit zu beliebigen Entbehrungen, von denen sie auch nicht ein Zehntel voraussehen konnten, und kehrten zurück – soweit ihnen die Rückkehr gelang – als Männer von besonderer, geradezu übernatürlicher Kraft und Ausdauer, als Männer, vor denen sich das Land hätte verneigen müssen. Nach ihnen hat es solche Leute wohl nicht mehr gegeben, sie waren das, was man »Selbstschüsse« des russischen Geistes nennen könnte. Denn sie gehörten weitestgehend spontaner, vom Volk getragener, auf eigene Gefahr geführter Bewegung an, mit der die Verordnungen der Regierung und sogar der Wojewoden nicht immer Schritt hielten. Ihre kräftezehrende Leistung zu ermessen, reicht die Vorstellungskraft nicht aus; unsere Phantasie ist nicht bereit, den weiten und beschwerlichen Wegen zu folgen, die diese Helden zu Fuß durch Sibirien zurücklegten.

Was hat sie nach Osten geführt, was hat sie, ungeachtet aller Entbehrungen und Gefahren, so zur Eile getrieben? Meist wird nur ein Grund genannt: Bereicherungssucht, der Drang, neue Landstriche zu entdecken, wo die Naturreichtümer und besonders das Rauchwild noch unberührt geblieben waren, und der Wunsch, im Zaren- oder Wojewodendienst dem Brotherrn die Naturalsteuer weiterer kleiner Völker zu sichern. Gewiß war es auch das, aber wenn das der einzige Grund gewesen wäre, hätten die Kosakenpioniere es nicht so eilig gehabt. In den fünfzig, sechzig Jahren, in denen sie vom Irtysch zum Stillen Ozean vordrangen, konnten Zobel und Hermeline auch im schon erkundeten Teil Sibiriens noch nicht selten geworden sein, und die befestigten Siedlungen, die die Kosaken auf dem Weg nach Osten in aller Eile errichteten, waren dürftig und gering an Zahl und boten ihnen keine Sicherheit. Was wäre vernünftiger gewesen, sollte man meinen, als sich gehörig einzurichten, sich mit genügend Lebensmitteln und Vorräten zu versehen, sich in heutigen Begriffen ausgedrückt, ein sicheres Hinterland zu schaffen, um den Vormarsch danach ungefährdet und in Ruhe fortzusetzen. Aber nein, so viel Zeit gönnten sie sich nicht. Und wahrhaftig, wie sollten sie auch ein ruhiges und geregeltes Leben ertragen, wie sollte es sie an einem Ort halten, wenn vor ihnen, wie von Nomaden zu hören war, der mächtige Fluß Jenissej lag, und danach der mächtige Fluß Lena, an dem ein großes und handwerklich geschicktes Volk (die Jakuten) lebte, und sich danach alle Flüsse vollends der Sonne zuwandten. Nein, es entsprach nicht dem russischen Charakter, ruhig dazusitzen und auf Befehle zu warten, es lag nicht in der russischen Natur, besonnen und umsichtig zu sein und das gute, alte »Es wird schon gut gehen« zu vergessen. Man kann sicher sein, daß nicht nur Eigennutz die Kosaken leitete und, was schon edler war, nicht nur Wettbewerbsgeist und der Drang, zu den Ersten zu gehören, sie beflügelten, sondern auch etwas Größeres. Hier vollzog sich eine Willensäußerung der Geschichte, die sich damals gleichsam tief über dieses Land beugte und Tapfere auserkor, um sich zu überzeugen und zu beweisen, wozu dieses in der allgemeinen Vorstellung schläfrige und eingeschüchterte Volk fähig war. Ein beträchtlicher Teil der Energie für diese mächtige Bewegung erwuchs aus dem Ehrgeiz des Volkes.

Es ist bei uns nicht üblich, Städten für hervorragende Leistungen Denkmale zu setzen. Dabei wäre es nicht mehr als recht und billig, der Stadt Weliki Ustjug, die heute verkümmert ist und Harmonikas produziert, an irgendeiner Stelle in Sibiriens Weiten, sagen wir, an ebenjener Lena, wo sich in der Mitte des siebzehnten Jahrhunderts die rührigsten »Landerkunder« einfanden, das dankbare Gedenken der Sibirier sichtbar zu bezeugen. Damals stand Weliki Ustjug, das einst sogar Weliki Nowgorod herausgefordert hatte, noch in hohem Ansehen und bestätigte seine Bedeutung durch Namen wie Semjon Deshnew, Jerofej Chabarow, Wassili Pojarkow, Wladimir Atlassow, Wassili Bugr, Parfjon Chodyrew und viele, viele andere, die auf den sibirischen Flüssen, Meeren und Landwegen ihre Kühnheit bewiesen. Sie alle waren aus Weliki Ustjug. Das verdient nicht nur Bewunderung, sondern erscheint ob seiner Einmaligkeit auch unglaublich. Welche Unterweisung gab es in dieser Stadt, der Wiege der Seefahrer und Entdecker, welche körperliche und geistige Ertüchtigung erfuhren sie dort? Hier fände der Stolz auf Jahrhunderte Nahrung allein in Semjon Deshnew, der die Behringstraße entdeckte. Jerofej Chabarows »Odyssee« gereichte jeder Hauptstadt zur Ehre, wäre er in ihr geboren. Oder Atlassow, der Bezwinger Kamtschatkas! Pojarkow, der riesige Territorien von Nordostsibirien erkundete! Und weiß man, ob nicht auch der legendäre Penda, der als erster aus dem vom Goldrausch erfaßten Mangaseja an die Lena vordrang, aus Ustjug stammte? Kam nicht vielleicht auch Pjotr Beketow aus Ustjug? Von einer seiner Expeditionen schrieb I. Fischer in der »Sibirischen Geschichte«: »Er setzte sein Vorhaben mit so wenigen Leuten ins Werk, daß es schier unglaublich erscheinen möchte, wie die Russen dieses Wagnis eingehen konnten.«

Bei dieser Gelegenheit sei daran erinnert, daß Weliki Ustjug zusammen mit den Nachbarstädten Totjma und Solwytschegodsk zweimal in einem Jahrhundert (1630 und 1637) große Gruppen heiratsfähiger junger Mädchen für die im Staatsdienst tätigen Russen ins ferne Sibirien entsandte. Wie sollen die Sibirier diese Stadt danach nicht als ihre Heimatstadt ansehen und sie nicht in inniger Verbundenheit aus der Ferne grüßen! Ein Gruß gebührt aber auch ganz Nordrußland mit Nowgorod, Wologda, Archangelsk und Wjatka: Von dort aus folgten den Kosaken die Ackerbauern und Handwerker, von dort aus begann die ursprüngliche Besiedlung Sibiriens.

Sibirien war es beschieden, zu Rußlands Fleisch und Blut zu werden, und so geschah es auch. Jermak war einem spitzen Keil, einem Messer gleich, in das Sibirien der

Chane eingedrungen und hatte ihm seine frühere Macht genommen, die Kosakenpioniere hatten Sibirien, indem sie es in kurzer Zeit ganz durchquerten und befestigte Siedlungen anlegten, gewissermaßen an Rußland angebunden; russisch und seßhaft aber machten Sibirien nicht Kriegsleute, Soldaten, Handwerker und Händler, sondern die Ackerbauern. Die Wellen, die die Gewinnsucht schlug – nach Rauchwild, Mammutknochen, Gold und anderen Edelmetallen –, rollten an und verebbten; und wenn die Glückssucher die Reichtümer ausgeschöpft, die sibirischen Wälder geleert und die sibirischen Bodenschätze nach damaligen Vorstellungen abgebaut hatten, zogen sie heim und verbreiteten finstere Gerüchte, Sibirien sei ein totes und armes Land, das einem weder Erfolg verschaffen noch einen satt machen könne. Das ist immer so. Dem Bestohlenen weiß man keinen Dank. Noch im vorigen Jahrhundert versicherten Leute, die nicht zu den Dümmsten gehörten, aus Enttäuschung über die scheinbar geringe Ergiebigkeit Sibiriens, dieses Land ernähre sich von Rußlands Säften und kenne nichts anderes, als an den Kräften seiner Amme zu zehren. Der Ackersmann aber, der nach dem Kosaken auf diese jungfräuliche Erde kam, pflügte die Steppe oder rodete die Taiga und säte und erntete Jahr für Jahr Korn, zog Kinder auf, vergrößerte seine Familie und machte sein schweißgetränktes Land bewohnbar und zugänglich. Die Meinungen über Sibirien wechselten, das Interesse an ihm flackerte bald auf, bald verlor es sich wieder, aus dem Goldbrunnen verwandelte es sich in eine Art Müllgrube, in die man alle möglichen Verbrecher und den Regierungen unerwünschte Leute abschob, er aber, der Bauer, arbeitete und arbeitete unverdrossen, verwuchs durch seine harte Arbeit und sein schweres Leben immer fester mit dem Altaigebirge, dem Jenissej, der Lena.

Diese stille, unbemerkte, wie es früher hieß, gottgefällige Arbeit gab den Ausschlag. Letztlich unterwarf sich Sibirien dem, der es satt machte. Bereits hundert Jahre nach Jermak kam es mit seinem eigenen Getreide aus, und wieder hundert Jahre später wußte es schon nicht mehr, wohin damit. Interessanterweise führten die Gegner der sibirischen Eisenbahn im vorigen Jahrhundert als einen ihrer Hauptgründe die Befürchtung an, Sibirien werde Rußland durch diese Bahn ungehindert mit billigem Getreide überschwemmen, wo Rußland sich schon vor dem eigenen nicht retten könne.

Der Bauer war es, der Sibirien endgültig mit Rußland verwachsen ließ; mit dem Hakenpflug vollendete er das in seinem Ausmaß und seiner Tragweite gewaltige Unternehmen, das Jermak mit der Waffe begonnen hatte. Man muß zugeben: Sibirien fiel Rußland leichter zu, als man vermuten konnte. Es fiel ihm wie ein großes Glück zu, durch unerhörtes »Schwein«, wie man so sagt.

»Man muß Sibirien Gerechtigkeit widerfahren lassen. Bei allen Fehlern, die sich durch den ständigen Zustrom verschiedenster, oft unsauberer Elemente eingeschlichen haben – wie Ehrlosigkeit, Egoismus, Verschlossenheit, gegenseitiges Mißtrauen –, zeichnet es sich durch besondere Großzügigkeit im Fühlen und Denken, durch wahre Großmut aus.«

Michail Bakunin

Könnte man die Vielzahl unterschiedlicher Äußerungen zusammenfassen, so würde sich herausstellen, daß Nichtsibirier sich über Sibirier besser – häufig sogar mit Begeisterung – äußern, als das die Sibirier selbst tun. Auch das liegt im Charakter des Sibiriers begründet. Er wird eher ungerecht sein, eher seine Fehler als seine Vorzüge übertreiben, als daß er seine Enttäuschung verhehlte über seine Landsleute und seine Heimat, die er sich vollkommener und besser wünscht.

In eine andere natürliche Umwelt versetzt, unter den Ureinwohnern, der angestammten Bevölkerung dieser Gegenden lebend, in vielem mit neuen Existenzbedingungen konfrontiert, mußte sich der Sibirier einfach vom Bewohner des alten Rußland unterscheiden. Wie sich der Europäer in Amerika in den Typ des Yankees verwandelte, so veränderte sich der Russe in Sibirien in den Typ des Sibiriers mit Unterschieden in der Psyche und sogar im Körperbau.

Gleich hinter dem Ural trifft man auf Gesichter mit asiatischem Einschlag. Anerkanntermaßen erwies sich der Russe in Sibirien von Anfang an als hervorragender Kolonist. Zwar gab es auch hier Versuche, nach dem Vorbild von Nordamerika die Sklaverei einzuführen und dabei auf die einheimische Bevölkerung zurückzugreifen, aber diese Versuche endeten nicht nur schlechthin ergebnislos, sondern mit einem totalen Mißerfolg und wurden von der Regierung gleichermaßen verurteilt wie von der sich herausbildenden Öffentlichkeit und dem hierher übergesiedelten einfachen Mann.

Was die Regierung betrifft, so muß man sagen, daß sie in allen ernsthaften Differenzen zwischen Russen und sibirischen Völkern in der Regel für die letzteren Partei ergriff. So war es unter Peter und auch unter Katharina. Das hinderte die Wojewoden und ihre Leute zwar nicht, die fremden Völker gnadenlos auszuplündern und zu demütigen, aber der einfache Bauer, der sich am neuen Ort neben einem Burjaten oder Tungusen niederließ, nahm sofort und mühelos freundschaftliche Beziehungen zu ihm auf, vermittelte ihm seine Erfahrungen als Landwirt oder Handwerker und erlernte dafür von ihm das Jagen und Fischen gemäß den örtlichen Bedingungen und dem Jahresablauf in der Natur. Ohne im entferntesten einem Elitedünkel zu erliegen (was dem Russen völlig abzugehen scheint), knüpfte er mit den Einheimischen familiäre Bande und ging darin so weit, daß er damit Regierung und Kirche auf den Plan rief. Schon 1622 hatte der Moskauer Patriarch Filaret den sibirischen Erzbischof Kiprian gewarnt: »Uns ist durch Wojewoden und Beamte, welche ehedem in Sibirien geweilt, kund geworden, daß in den sibirischen Städten viele um Sold Dienende und Ansässige nicht nach christlicher Sitte leben, sondern ihren schändlichen Begierden frönen; viele Russen ... vermischen sich mit heidnischen Tataren-, Ostjaken- und Wogulenweibern und begehen Unzucht, und manche leben mit ungetauften Tatarinnen zusammen und versündigen sich mit ihnen ...«

Die Kirche war übrigens nicht konsequent in ihren Forderungen, zum einen verbot sie Mischehen, zum anderen gestattete sie sie, unter der Bedingung, daß die Andersgläubigen sich taufen ließen. Die nur spärlich aus den russischen Gouvernements eintreffenden Kontingente heiratsfähiger Mädchen konnten für das riesige Land nicht ausreichen, auch hatte der russische Bauer das Recht, seine eigene Wahl zu treffen; deshalb ist es nicht verwunderlich, daß man um so häufiger Mischehen und einen asiatischen Einschlag in russischen Gesichtern findet, je weiter man nach Sibirien hineinkommt. In Ostsibirien zum Beispiel hat fast jedes dritte oder vierte Gesicht schrägliegende Augen und breite Wangenknochen, was der weiblichen Schönheit neue Konturen und eine ausdrucksvolle Frische verleiht, die sie von der etwas müden und verschwommenen Schönheit der Europäerin unterscheidet. Sicherlich ist der Sibirier, hervorgegangen aus der Verbindung von slawischem Ungestüm und slawischer Spontanität mit asiatischer Natürlichkeit und Introvertiertheit, als Charakter nicht zu etwas gänzlich Andersartigem geworden, wohl aber hat er solche unverkennbaren – angenehmen wie unangenehmen – Eigenschaften angenommen wie eine scharfe Beobachtungsgabe, ein waches Selbstwertgefühl, das nichts Aufgezwungenes und Fremdes akzeptiert, die unerklärliche Fähigkeit zum Stimmungswechsel und die Fähigkeit dazu, sich in sich selbst, in unbekannte innere Regionen zurückzuziehen, Besessenheit bei der Arbeit, im Wechsel mit Einbrüchen lähmender Untätigkeit, sowie eine mit Güte gepaarte Schläue, die ihm aber so deutlich anzumerken ist, daß sie keinerlei Nutzen bringen kann. Das alles ist vielleicht noch nicht abgerundet, in allem sind zwei Seiten zu erkennen, die noch kein geschlossenes Ganzes bilden – die Natur braucht offenbar mehr Zeit, als sie hatte, um das Begonnene zu Ende zu führen, aber man sieht, daß sie hier mit Vergnügen am Werk ist.

Wenn vom Charakter des russischen Sibiriers die Rede

ist, schadet es nicht, einmal mehr darauf hinzuweisen, daß dieser von Anfang an von ungebundenem, freien Volkstum geprägt wurde. Die Kolonisierung Sibiriens wurde hauptsächlich vom Volk getragen, und vor denen, die die Regierung durch Aushebung und Ukas hierher beorderte, schlugen sich Trupps von »Freigewillten« hierher durch. Nach Sibirien gingen Leute, um sich Beschränkungen und Unterdrückung zu entziehen und jede Art von Freiheit zu erlangen – religiöse, soziale, sittliche, Gewerbefreiheit und persönliche Freiheit. Hierher strebte, wer mit dem Gesetz in Konflikt geraten war und hinter dem Ural untertauchen wollte, um der Bestrafung zu entgehen, wer ein ehrliches Gemeinderecht wollte, das der administrativen Unterdrückung entgegenstand, oder wer sich ein Leben außerhalb aller Gesetzlichkeit erhoffte. Mit dem Abenteurer kam der Gerechtigkeitssucher, mit dem Arbeitsamen der Gauner und Tagedieb. Die religiöse Spaltung des siebzehnten Jahrhunderts, der Raskol, brachte Zehntausende der kräftigsten, ausdauerndsten und charakterfestesten Menschen nach Sibirien, die sich weigerten, die kirchlichen und staatlichen Neuerungen anzuerkennen, und vor ihnen in unzulängliche Einöden flüchteten. Noch heute findet man in unseren Wäldern ihre Siedlungen, wo der Mensch in Sprache, Brauchtum, Glauben, Kleidung und Lebensweise der gleiche geblieben ist, der er vor dreihundert Jahren war. Den Fanatismus dieser Menschen kann man, ihre Lebenstüchtigkeit und Standhaftigkeit muß man bewundern – sie übersteigen die Grenzen unserer Vorstellungen. In Sibirien kam alles zusammen: Die Altgläubigengemeinde, die sich durch reine und starke Sittlichkeit auszeichnete, stand hier der Gemeinschaft der verbannten Kriminellen gegenüber, für die ganz andere Gesetze galten. N. M. Jadrinzew vermerkte: »Diese Dörfer tragen deshalb den Stempel der alten Zeit, sind deshalb sichtbar von Kraft und Ordnung bestimmt, weil ihre Bevölkerung überwiegend aus Raskolniki besteht. Auch in den anderen Altgläubigensiedlungen Sibiriens, wo immer sie sich befinden, in Ost- oder Westsibirien, ist überall die gleiche Ordnungsliebe, die gleiche Wohlhabenheit zu erkennen. Schon das Äußere der Bewohner ist von anderer Art, so als gehörten sie zu einem besonderen Stamm. Hübsche, füllige, weißhäutige, gesunde Frauen in buntgemusterten, hübschen Kleiderröcken, stattliche, ehrwürdige Greise, schmucke junge Burschen; überall Ordnung, Sauberkeit, Wohlhabenheit.«

Auch heute noch findet ein »Semejski«, wie man einen Altgläubigen nennt, selbst beim Sibirier besondere Achtung und besonderes Interesse: Wenn einer ein Semejski ist, bedeutet das in der Regel, daß er ein zuverlässiger Kollege und ein hervorragender Arbeiter ist.

In Sibirien war immer ein großes Kommen und Gehen. Es gab Zeiten, da ähnelte es einem Durchgangshof – und die Leute benahmen sich auch wie auf einem Durchgangshof. Das ist in starkem Maße bis heute so geblieben. Die Tausende und Abertausende, die in ununterbrochenen Brandungswogen auf den sibirischen Großbaustellen anrollen, mit dem für Brandungen geziemenden Getöse, mit Musik und beeindruckender Gewalt, verschwinden nach ein paar Jahren leise und unbemerkt – als versickerten sie im Sand. Wieder wogt es heran und bringt neue Tausende, und wieder ebbt es ab, fließt zurück in verborgenen Rinnsalen, die stellenweise nur einen verschwindend kleinen Teil der Ankömmlinge zurücklassen. Das erklärt sich hauptsächlich aus der landläufigen Einstellung zu Sibirien: sich möglichst rasch und billig seine Reichtümer anzueignen. Die Sorge um die Menschen, die zweifellos da ist, rutscht in Sibirien mitunter gleich um einige Grade ab, und sie im Hinblick auf dieses Abrutschen von vornherein um ein paar Grade anzuheben will nicht immer gelingen.

Daß es sich in Sibirien nicht leicht lebt, versteht sich. Sein Klima, das in den letzten Jahrzehnten launischer geworden ist und immer wieder mit Überraschungen aufwartet, wie mit Tauwetter zu Neujahr oder Winterschnee im Juni, ist kaum milder geworden. Dieses rauhe und unwirtliche Klima hat an Kolonisten und alle möglichen Bezwinger seit jeher strenge Auswahlkriterien angelegt. Um sich hier einzuleben und Fuß zu fassen, braucht man Sibiriergeist: keinen Strohfeuerelan, sondern stetes Gefaßtsein auf Überraschungen und Unannehmlichkeiten aller Art und die Fähigkeit, sie ohne unnötigen Kraftaufwand zu meistern. Dieser Geist braucht nicht unbedingt in Sibirien zu entstehen, er kann sich überall entwickeln, aber er muß Sibirien entsprechen, als begleitendes Agens in seine Atmosphäre eingehen. Es gibt Leute, deren Familie schon seit Generationen hier lebt und die doch keine Sibirier geworden sind, sondern um so stärker an diesem für sie fremden Land leiden, je länger sie hier leben, und es gibt solche, die für Sibirien wie geschaffen sind und, wenn sie herkommen, ohne sonderliche Schwierigkeiten heimisch werden. Sibirier sein heißt also nicht nur, eine an Kälte und Unbilden gewöhnte »dicke Haut« zu haben, bedeutet nicht nur eine von den hiesigen Bedingungen geformte Beharrlichkeit und hartnäckige Zielstrebigkeit, sondern auch Ausschluß alles Zufälligen, tiefes und festes Verwurzeltsein auf dieser Erde, Einklang zwischen der menschlichen Seele und dem Geist der Natur. Ein Sibirier wird seiner Heimat selten untreu; die Sucht nach Ortsveränderung, die überall epidemische Ausmaße angenommen hat, ist bei ihm weniger groß und hält sich in der Regel in den Grenzen seiner heimatlichen Gefilde. Das Land unserer Väter, das für jeden von uns von Anbeginn Teil seines Seins ist, pocht beim Sibirier leidenschaftlicher als bei anderen auf sein Recht – vielleicht, weil es unter großen Mühen errungen wurde und die Erinnerung daran im Laufe der Generationen nicht verlorengegangen ist.

Ohne Hartnäckigkeit und Starrköpfigkeit, wie sie dem Sibirier häufig vorgeworfen werden, hätte sich der Mensch hier nicht lange halten können. Die ersten Ansiedler, die Begründer der Flecken und Dörfer, mußten der Taiga im tiefen Sibirien buchstäblich jeden Fußbreit Boden abringen. Sobald sie lockerließen, drang der Wald wieder auf das ihm entrissene Ackerland vor. Die Taiga stand wie eine Wand, fern dahinter türmten sich Berge mit ewig schneebedeckten Gipfeln. Der lange Winter zermürbte die seelischen Kräfte, der kurze Sommer forderte das Doppelte an physischen. Mitten im Sommer konnte aus heiterem Himmel der Frost zuschlagen und in Garten, Wald und Feld die Ernte auf dem Halm vernichten, im Winter drangen hungrige Raubtiere ins Dorf, rissen Vieh und fielen Menschen an. Bei Wärme plagten Insekten: Mükken, Schnaken und die Regenfliege, eine winzige, kaum sichtbare giftige Fliegenart, die einen bei Schlechtwetter in dichten Schwärmen überfällt. Das von Schnaken geplagte

Vieh wurde nur nachts auf die Weide gelassen, tagsüber stand es hinter verschlossener Tür am Rauchfeuer, die Menschen zogen sich zum Arbeiten Roßhaarnetze über den Kopf, unter denen sie kaum Luft bekamen, und rieben sich sicherheitshalber noch mit Birkenteer ein. All das hat sich aus Urväterzeiten auf uns vererbt: In meiner Kindheit, in den vierziger und fünfziger Jahren, konnte man am Mittel- und Unterlauf der Angara keine zwei Minuten ohne Netz auf die Straße, bei 30 Grad Hitze wickelte und hüllte man sich von Kopf bis Fuß in Tücher ein (an Braunwerden kein Gedanke), damit, Gott behüte, nicht irgendwo ein Fleckchen Haut frei blieb; wir schmierten uns mit Birkenteer ein, daß wir wie Teufel aussahen, stopften Gras in die Schäfte der Stiefel und Halbstiefel, um alle Ein- und Ausgänge abzudichten – doch es half wenig: Wir liefen mit geschwollenen Augen und zerstochenen, blutig gekratzten Armen und Beinen herum.

Über unsere Mücken schrieb der Italiener Sogne, der am Ende des vorigen Jahrhunderts hinter dem Ural war: »Hätte Dante Sibirien bereist, so hätte er aus den Mücken eine weitere Qual für seine Hölle gemacht.« In den ein- bis zweihundert Jahren davor und den hundert Jahren danach haben sich die Mücken hier wohl wenig verändert, sie haben sich in unserem Jahrhundert besser an Rauch, Kohlendunst und sonstige Veränderungen in ihrem Lebensbereich angepaßt als der Mensch.

Um durchzuhalten und nicht mutlos zu werden, genügte es nicht, körperlich stark zu sein, man brauchte auch einen starken Willen, den stolzen Willen zum Widerstand und unbeugsamen Trotz: Und ich halte doch durch, ich gebe nicht auf, ich bin trotzdem der Stärkere!

›Ob Gott dieses Land nicht erst ganz am Ende seiner Schöpfung, als ihm am Menschen Zweifel kamen, zu Sibirien gemodelt hat‹, mochte der Sibirier damals mit wehmütigem Stolz gedacht haben, wenn er von seinem Feld aus die sich vor ihm ausbreitenden unwirtlichen Weiten betrachtete.

Man denke sich zu seinen Leiden in der Vergangenheit noch ein weiteres hinzu: die Vagabunden. Bekanntlich war Sibirien das Land der Zwangsarbeit und Verbannung, in das man aus dem ganzen riesigen Imperium mit seiner unzureichenden Rechtsordnung für jedwede Vergehen, große wie kleine, Menschen deportierte, was für das dünnbesiedelte Gebiet angeblich von Nutzen sein sollte. Aus unerfindlichen Gründen herrscht heute die Meinung vor (vermutlich aufgrund von Erinnerungen, die Kriminelle nicht aufschreiben), es seien fast nur politische Verbannte hierher geschickt worden. Mit den politischen Verbannten, von den Dekabristen und den polnischen Aufständischen bis zu den Marxisten und Bolschewiki, hat Sibirien übrigens Glück gehabt, auch wenn diese selbst das natürlich nicht als Glück für sich empfanden. Doch Gutes bleibt Gutes, unter welchen Umständen es auch geschieht, und unserem damals rückständigen und wenig erforschten Land hat ihr Wirken in Wissenschaft, Kultur und einfach schon in moralisch-erzieherischer und persönlichkeitsbildender Hinsicht enormen Gewinn gebracht. Allein die Anwesenheit der in der Verbannung weit über West- und Ostsibirien verstreuten Dekabristen übte einen solchen Einfluß auf die Öffentlichkeit aus, daß sie, die vielerorts noch aus einzelnen Köpfen bestand, erstens überhaupt zur Öffentlichkeit wurde und sich zweitens Ziele steckte, die schließlich zur Gründung der Universität Tomsk führten.

In der Hauptsache aber war Sibirien von Sträflingen überschwemmt. In manchen Gegenden überstieg ihre Zahl sogar die der Einheimischen, und die konnten ihnen verständlicherweise über ihr eigenes Gewerbe hinaus nichts beibringen. Um den Sittenverfall geht es dabei nicht einmal, der alteingesessene Sibirier war widerstandsfähig genug, um ihm nicht zu erliegen – die schlimmste Plage war die Landstreicherei dieser Leute. Ihre Beaufsichtigung war äußerst mangelhaft, aus dem Ansiedlungsort zu fliehen war weitaus leichter, als danach unterwegs zu überleben, darum war einer, der sich zur Flucht entschlossen hatte, zu allem fähig – zu Diebstahl, Raub und Mord. Uns heute rührt das traurige Los des Vagabunden in dem Lied, wenn er an den Baikalsee kommt und sich ein Fischerboot nimmt – unser Vorfahr hat seinetwegen bittere Tränen geweint. Er hatte nicht nur wegen der wilden Tiere ein Gewehr im Haus, sondern auch wegen verdächtiger Menschen, die jeden Augenblick ans Fenster klopfen und verlangen konnten, was ihnen gerade einfiel. Braucht man sich danach noch über das Mißtrauen und die Verschlossenheit des Sibiriers zu wundern, über seine angebliche Unfreundlichkeit und Kälte? Ja, er ist mißtrauisch, kühl, argwöhnisch, aber nur zu Anfang, nur solange er dich nicht ergründet hat und nicht weiß, wer ihm da ins Haus schneit. Hat er dich aber durchschaut und sich überzeugt, daß du nichts Böses im Schilde führst, öffnet er sich dir ganz, und derselbe Mann, der dich, wie du glaubtest, jeden Augenblick von der Schwelle weisen wollte, nimmt dich auf und bewirtet dich wie seinen leiblichen Bruder, ohne viel

Worte und unnütze Gefühle, aber gastfreundlich und herzlich, mit eben jener Aufrichtigkeit und Freude, mit der der Mensch auf dieser Welt seinem Mitmenschen begegnen sollte.

Über die sibirische Gastfreundschaft gibt es Legenden, die womöglich ein wenig übertrieben, aber aus gutem Grund entstanden sind und sich halten.

Die Siedlungen und Dörfer an den Flüssen lagen weit auseinander und waren nicht groß, der Kreis von Menschen blieb dort immer der gleiche, deshalb wußten die Sibirier, die sich nach langer Taigaeinsamkeit und schwerer Feldarbeit nach Abwechslung sehnten, menschlichen Umgang zu schätzen und zu pflegen. Einen neuen Menschen kennenzulernen war wie ein Fest für sie. Auch ihre Beziehungen zu Nachbarn und anderen Dorfbewohnern zeichneten sich durch Gründlichkeit und Ernsthaftigkeit aus. Auf kleinliches Übelnehmen und Streitereien verschwendeten sie keine Gefühle, aber wenn sie Freunde waren, dann waren sie's wirklich, und wenn sie sich verfeindeten, dann taten sie's gründlich.

Ohne gegenseitigen Beistand und Gemeinsinn auszukommen war hier schwieriger als anderswo, daher vertrug sich beim Sibirier, so sonderbar das erscheinen mag, Gemeinsinn vorzüglich mit Verschlossenheit und Individualismus: Das eine war für die Beziehungen zur bekannten und gewohnten Umgebung, das andere für alles, was von außen kam und verdächtig erschien, wie reichlich vieles in Sibirien. Ehe ein Jäger eine Winterhütte in der Taiga verließ, achtete er unbedingt darauf, daß noch trockenes Holz zum Feuermachen, Streichhölzer, Salz und Essen da waren – der nach ihm kam, konnte es dringend nötig haben. Dieses ungeschriebene Gesetz wurde jahrhundertelang befolgt und beginnt erst in allerletzter Zeit zu verschwinden. Für die gleichen Vagabunden, unter denen der alteingesessene Sibirier so sehr zu leiden hatte, brachte er, ehe er sein Haus zur Nacht verschloß, stets einen Topf Milch und einen Laib Brot in eine eigens von außen in die Balkenwand eingelassene Nische: Iß, Wanderer, und zieh weiter. Er tat es vor allem aus Mitleid, erst danach mit der Überlegung, das könne böswillige Eindringlinge von seinem Anwesen fernhalten. Wenn Unbekannte mit scheuem Blick in Städten und Dörfern von Haus zu Haus gingen und »für die Flucht eines Genossen« sammelten, gab man die letzte Kopeke her.

Am meisten aber prägte den Charakter des Sibiriers Sibirien selbst – das Land, die Welt, in der er lebte und deren Luft er atmete, die Heimat, die ihn geboren hatte und ihn erhielt. Ähnlich, wie »sich in den Völkern ihr Vaterland spiegelt« (A. P. Stschapow), spiegelt sich im Menschen seine engere Heimat.

Niederdrücken kann uns nur solche Größe, solche Macht, die sich unnatürlich und schroff von allem übrigen abhebt und im Vergleich grob und deprimierend wirkt. Steht dagegen alles in der Natur um uns im rechten Verhältnis zueinander, ist alles im gleichen großen Maßstab gehalten, so erhöht das wiederum auch den Menschen. Die Genetik der Landschaft ist etwas ebenso Bestimmtes, von Anfang an Vorgeprägtes wie die Genetik des Blutes. Angesichts der grandiosen Natur und ihrer stets gegenwärtigen Erhabenheit fühlte sich der Mensch unwillkürlich bedeutend und stark. Die dünne Besiedlung verstärkte diese Empfindung. Die gewaltigen Mühen, die aufzuwenden waren, um auf diesem schwierigen Boden Fuß zu fassen und zu bestehen, förderten die Achtung des Menschen vor sich selbst – als einer Größe, die der gleichen, ja einer höheren Ordnung angehörte als das, was ihn umgab. Die ganze Welt ringsum atmete rauhe Würde und Freiheit, verborgene Tiefe und Kraft, und in ihrer äußeren Ruhe war eine federnde Spannung zu spüren. Diesen Geist eignete sich der Sibirier natürlich an, und da er sich dabei stark an den Freiheitsdrang seiner Vorväter hielt, verhärtete er vielleicht etwas mehr als nötig. Es stimmt nicht, daß der Sibirier ungesellig ist, allerdings tritt er mit Gleichwertigen leicht in Konkurrenz und Rivalität, Ungleichwertigen gegenüber neigt er zu Gönnerhaftigkeit. Das eine wie das andere tut er nicht vorsätzlich oder im Bewußtsein einer übernommenen Rolle, sondern ganz von selbst, aber daß er Sibirier ist, vergißt der Sibirier dabei nie und gibt es anderen zu verstehen. Der Stolz auf seine Herkunft artet bei ihm manchmal in Überheblichkeit aus. Heute hat diese Eigenschaft freilich stark abgenommen, ist aber noch nicht verlorengegangen.

Wichtig ist auch, daß es hier nie Leibeigenschaft gegeben hat, die auf dem Menschen physisch und moralisch lastete, ihm die Selbständigkeit nahm und seine Einstellung zur Arbeit und zum Leben überhaupt depressiv beeinflußte. Der Sibirier war es gewohnt, sich auf sich selbst zu verlassen. Land war genug da; man konnte sich nehmen und bearbeiten, soviel man wollte und konnte. Das in den Städten drückende Joch der Administration erreichte das Dorf nur in abgeschwächten Verordnungen, und der erfahrene Bauer beeilte sich nicht sie auszuführen. Das russische Sprichwort: »Vertrau auf Gott, aber schieß selbst keinen Bock«, hatte hier einen direkten und praktischen Sinn. Tatsächlich neigte der Sibirier nie zu Beschaulichkeit und Frömmigkeit (ausgenommen die Raskolniki, versteht sich), nüchterner Verstand dominierte bei ihm über das Gefühl, aber nicht aus Gewinnsucht, sondern aus der ererbten Veranlagung des Alteingesessenen. Es wäre merkwürdig, wollte man in diesem aus beharrlichem Widerstehen geborenen, durch Entbehrungen erhärteten, »feuerfesten« Geist nach Zügen von Schlaffheit und Verweichlichung suchen, die man beim Bewohner der russischen Steppe findet. Doch dies ist nicht zum Lob des Sibiriers gesagt, sondern um zu zeigen, was ihm eigen ist und was nicht. Selbst in den Himmel sah er erhobenen Haupts, wie auf einen mächtigen Nachbarn, und hoffte, ihn durch seinen Glauben für sich und seine Wirtschaft nutzbar zu machen.

Man kann sagen, daß in all seinen Eigenschaften, günstigen und ungünstigen, schlechten und guten, der Sibirier das ist, was aus einem Menschen werden konnte, den beschränkende Gesetze lange nicht erreichten.

Doch wenn man vom Sibirier wie von einer russischen Nebenlinie spricht, durch Auslese und aus örtlichen Bedingungen hervorgegangen, darf man nicht vergessen, daß er riesige Territorien besiedelte, aus unterschiedlichen sozialen Gruppen stammte und allein dadurch nicht von einer Mentalität und einem Schlag sein konnte. Der Sibirier aus dem Altai, der aus der grausamen Glaubenstrennung, dem Raskol, hervorging, und der aus Transbaikalien, dessen Vorfahr in die Bergwerke verbannt wurde, oder der direkte Nachkomme des freien Kosaken vom Jenissej – sie alle ähneln einander wenig. Deshalb sind alle

Versuche, aus dem Sibirier etwas Einheitliches und Allgemeines zu machen, in starkem Maße verschwommen.

Im übrigen – dafür ist er Sibirier, dafür ist es Sibirien, um der völligen Ausdeutung zu widerstehen und ein Ding an sich zu bleiben.

Wir sagen mitunter gern und nicht ohne Stolz: Sibirien ist mehr Rußland als Rußland selbst.

In diesem Ausspruch, den es nicht erst seit heute gibt und der zur sprichwörtlichen Redensart wurde, ist auch nicht die leiseste Anspielung auf ein Gegeneinander. Sibirien und Rußland sind ein Ganzes, ohne Rußland gibt es kein Sibirien – das zu begründen und zu beweisen erübrigt sich. Es geht um etwas anderes. Sei es aus falschem Patriotismus, sei es aus einseitig gedeuteten Beobachtungen, wir möchten glauben, daß manche Eigenschaften des Russen beim Sibirier vollkommener und besser erhalten geblieben sind. Wir rechnen uns das nicht als Verdienst an, es hat sich so ergeben, und es kann nicht sein, daß unsere Gefühle jeder Grundlage entbehren. Schon im vorigen Jahrhundert wurde festgestellt: »Der sibirische Bauer verkörpert den russischen Menschen, wie es ihn ehedem in Rußland gegeben hat, bevor Knechtschaft, Hörigkeit, Leibeigenschaft kamen; die natürlichen Eigenschaften des russischen Landmanns gelangten bei ihm zu freier Entfaltung.« (S. J. Kapustin)

In diesem Zusammenhang sei daran erinnert, daß sich jeglicher ausländische Einfluß, ob deutscher oder französischer, an dem sich die russischen Metropolen früher von Zeit zu Zeit wie am Strohfeuer entzündeten, unweigerlich mit sibirischem Rauhreif überzog und einen kräftigen sibirischen »Akzent« annahm, bevor er mit Pferdewagen oder Schlitten über Tausende von Werst nach Tomsk oder Irkutsk vordrang. Man kann dabei auf das traditionelle Mißtrauen des Sibiriers verweisen, der nicht gleich losstürzt, um einander jagende Anordnungen auszuführen, sondern genau abwägt, ob sie ihm Nutzen bringen oder nicht. Wer den Sibirier aufmerksam beobachtet, wird bemerken, daß er bei allen Einbußen, die sein Charakter in den letzten Jahrzehnten erlitten hat, immer noch in den Grenzen einer mehr oder weniger gesunden Moral und aufrichtiger Beziehungen bleibt, was ja heutzutage beileibe nicht schlecht ist. Doch das Wichtigste: Der Russe (wie auch jeder andere, der sich sein ursprüngliches nationales Wesen bewahrt hat), der sich nur in der heimatlichen Natur, die ihn hervorgebracht hat, ganz als Russe und ganz als Mensch fühlt und sich dort, wo die Bindung zu ihr gestört ist, verloren vorkommt, hat in Sibirien bislang immer noch die Möglichkeit, in heimatlichen Steppen und heimatlichen Wäldern zu leben. Wenn auch mit dem Vorbehalt, daß sich diese Möglichkeit mit jedem Jahr einengt und verringert; und sollte es wirklich dazu kommen, daß die sibirischen Flüsse umgeleitet werden, verschwindet sie zweifellos ganz.

Natürlich ist der Sibirier heute nicht mehr das, was er noch vor hundert Jahren war. Der »sibirische Menschenschlag« ist arg verwässert, und es scheint gar nicht mehr viel zu fehlen, daß er sich in einen bloßen geographischen Begriff verwandelt. Nichts ist spurlos vorübergegangen – die Zwangsarbeit nicht und die Verbannung nicht und nicht die Massenumsiedlung von Bauern nach der Aufhebung der Leibeigenschaft und vor Beginn des Ersten Weltkriegs, als vier Millionen Menschen nach Sibirien kamen – beinahe genausoviel wie seine gesamte Bevölkerung. Nur feste, altbewährte Sitten konnten sie im Lauf der Jahrzehnte – nicht ohne Hilfe von Mutter Natur – zu Sibiriern erziehen. Dabei ist noch entscheidend, daß der Übersiedler herkam, um ständig hier zu leben, und sich daher notgedrungen nach den geschriebenen und ungeschriebenen einheimischen Gesetzen richten mußte. Als vor dreißig und zwanzig Jahren die neuerliche »Eroberung« Sibiriens begann und die mächtigen Wellen der Freiwilligenaufgebote auf die Bauplätze brandeten, gab es dieses Hindernis für sie nicht mehr. Die Jugend kam hauptsächlich her wie auf eine Baustelle, von der man, wenn man seine Sache gemacht, einen Beruf erlernt und genügend verdient hat, um eine Familie zu gründen, jederzeit wieder weggehen kann – was meistens auch geschah und noch geschieht. Mag sein, daß die aus Sibirien Heimkehrenden ein wohliges Gefühl für das Land behalten und mit nach Hause nehmen, aber was sie zurücklassen, ist ein oberflächliches und lockeres Verhältnis zu dem Grund und Boden, auf dem sie zeitweilig gearbeitet haben und der ihnen nie zur Heimat wurde.

Mit allen sich daraus ergebenden Konsequenzen.

Von der großen Zahl der Saisonarbeiter und vorübergehend Ansässigen wurde der alteingesessene Sibirier zwangsläufig beiseite gedrängt. Er zimmert und baut zwar weiterhin, bestellt den Acker und fördert Rohstoffe, sein Arbeitsanteil an den Veränderungen in Sibirien ist weit größer, als es in der Presse zum Ausdruck kommen kann, die sich ihre Helden gewöhnlich unter den Auswärtigen sucht, aber er tut das alles wie im nachhinein, im Sog der mächtigen Ströme von Wirtschaft und Industrie. Er wählt gleichsam instinktiv, mit dem Gespür und Pflichtgefühl des Sibiriers den Platz, auf dem er sich am besten und leichtesten um sein Heimatland sorgen kann.

Er hat sich stark verändert, der Sibirier von heute, in der Stadt wie auf dem Land. Aber er ist immer noch Sibirier, und seinen verlorenen Eigenschaften trauert er um so mehr nach (wie es beispielsweise die Helden in den Büchern und Filmen von Wassili Schukschin tun), als er sie brauchte, um fest und sicher im Leben zu stehen. Aber gerade das läßt hoffen, daß er mit der ihm eigenen Hartnäckigkeit und Starrköpfigkeit an dem ihm noch verbliebenen guten Kern festhalten wird.

»Doch Sibirien zu erschaffen ist nicht so leicht,
wie etwas unter gesegnetem Himmel zu erschaffen.«

J. A. Gontscharow

Kalte, öde Weiten ...

Wie lange ist es her, daß diese Worte erstmals gesagt wurden – wurden sie überhaupt je gesagt, oder haben sie schon immer stumm und gebieterisch über Sibirien gestanden wie ein Geist, den Reisenden mit Schwermut und Besorgnis erfüllt? Denn wenn sie gesagt wurden, dann von einem Reisenden, der vor den riesigen Entfernungen und harten Prüfungen, die ihm bevorstanden, verzagte. Er überquerte den Ural, machte an einem Grenzpfosten halt, der bekritzelt war mit herzzerreißenden Abschiedsworten von Sträflingen oder einfach Menschen, die nichts Gutes erwarteten, und fuhr weiter, doch der Eindruck dieser

Inschriften, der die eigene Melancholie noch verstärkte, ließ ihn lange nicht mehr los. Quälend langsam schieben sich die zurückgelegten Wersten vorbei, dabei hat er ständig das gleiche, so scheint ihm, eintönige und leblose Bild vor Augen, und die zermürbende, ausgefahrene Straße erinnert an einen Weg in die Hölle. Obendrein sind auf dieser Straße noch Kolonnen von Unglücklichen unterwegs – Sträflinge oder Umsiedler, zerlumpte und verängstigte Menschen auf der Suche nach Glück –, und zu allem Überfluß wirft ihm ein entgegenkommender Draufgänger mit roter Visage grundlos eine Grobheit an den Kopf. Alles ist wie auf der Kehrseite des normalen menschlichen Lebens, alles ist wie in einer barbarischen, heillosen, verlassenen Fremde, in der es nie Wärme und Geborgenheit geben wird und von der man sich nicht vorstellen kann, daß Menschen sie als Heimat lieben.

In dieser Stimmung reiste er einen Tag, zwei Tage, drei Tage lang weiter, und irgendwann drang durch sein dumpfes Dahindämmern, daß der spärliche Wald links und rechts der Straße von Steppe abgelöst worden war. Doch auch sie gerann zur Gleichförmigkeit, auch sie erschien endlos und außerstande, ein warmes Gefühl zu wecken. Er hatte sie nur zu erdulden und mußte abwarten, was weiter käme, hoffend, im neuen, wenn auch schlimmeren Bild vielleicht Erleichterung für das ermüdete Auge zu finden.

Und die Erleichterung kam auch wirklich. Wie aus tiefem Schlaf erwacht, wurde der Reisende plötzlich mit Verwunderung und Freude gewahr, daß sowohl die ermüdenden Waldinseln in der Steppe als auch die nun häufiger und kühner aus den unwegsamen Weiten hervortretenden

Kiefern- und Lärchenwälder, aber auch das Land selbst, das allmählich seine Ebenheit verlor, ihn immer heftiger bewegten, immer spürbarer beeindruckten, wie eine ihm vorher verwehrte Begegnung, und er verstand nicht mehr, gab es auf zu verstehen, wie er gleichgültig nach links und rechts hatte schauen können, was mit ihm los gewesen war, wenn er für diese einmalige Schönheit kein Auge gehabt hatte.

Anton Pawlowitsch Tschechow, der Ende des vorigen Jahrhunderts Sibirien auf dem Wege nach Sachalin noch mit Pferden durchquerte, blieb bis zum Jenissej melancholisch. »Kalte Ebene, windschiefe Birken, Pfützen, hier und da Seen, Schnee im Mai und die öden, trostlosen Ufer der Nebenflüsse des Ob – das ist alles, was das Gedächtnis von den ersten zweitausend Werst zu bewahren vermag.« Selbst die Frauen – »die Frauen sind hier ebenso langweilig wie die sibirische Natur«. Als er aber an den Jenissej kommt, vermerkt er erstaunt: »... in meinem Leben habe ich keinen herrlicheren Fluß gesehen als den Jenissej.« Auf der weiteren Reise war er ganz begeistert über die endlose Taiga und die Berichte erfahrener Einheimischer von der Jagd und aus ihrem Leben.

Ein anderer russischer Schriftsteller, J. A. Gontscharow, der vierzig Jahre vor Tschechow auf seiner Reise um die Welt Sibirien von der anderen Seite, vom Ochotskischen Meer her, durchquerte, konnte nach der üppigen und fruchtbaren Schönheit der Tropen, nach China und Japan die kalten und offenen Weiten Nordostasiens anfangs kaum ertragen. Aber in der Nähe der Lena wurde auch er gepackt. Selbst unter der winterlichen Eis- und Schneedecke weckte der zu dieser Jahreszeit leblose, große Strom im müden Reisenden ein frisches Gefühl von Wärme und Begeisterung, und mit diesem Gefühl – er nannte sich dafür einen Romantiker – setzte er seine Reise fort.

In beiden Fällen konnte es gar nicht anders sein. Von welchem Ende man auch kommt, Sibirien hat es nicht eilig, sich zu öffnen, seine schönsten Schöpfungen verwahrt es mit Liebe und Geschmack tief im Inneren. Es ist übrigens fraglich, was das Schönste ist. Darüber werden keine zwei Menschen einer Meinung sein. Mir als Bewohner von Mittelsibirien erscheint die Gegend um Baikalsee, Sajangebirge und Jenissej am schönsten; ein Altaibewohner würde versichern, am schönsten sei es bei ihm im Altai, ein Tschuktsche, an den Küsten der kalten nördlichen Meere. Jedem von uns ist seine Heimat lieb, und damit haben wir eine weitere Eigenschaft des Sibiriers: seinen glühenden Lokalpatriotismus. Aber hier geht es nicht um lokale Meinungen, sondern um eine möglichst unvoreingenommene Gesamtsicht auf Sibirien als ein Land, das die Natur erschuf.

Ich bin überzeugt: Die gleichen Bilder, die unserem Reisenden beim Hineinfahren nach Sibirien trist und freudlos erschienen, werden sich auf dem Rückweg so verändert haben, so selbstverständlich und anziehend geworden sein und eine so starke ästhetische Ausstrahlungskraft gewonnen haben, daß er einfach fassungslos um sich schaut und sich sagt: Halt, das ist doch bestimmt ein anderer Weg. Nein, es ist derselbe Weg, sind dieselben Bilder, lediglich verändert vielleicht durch eine andere Jahreszeit: aber der Reisende ist nicht mehr derselbe. Jetzt ist er in Sibirien gewesen, hat er vieles gesehen, das seine Vorstellungskraft erschütterte, die sibirischen Erlebnisse haben auch in ihm selbst neue, herrliche Weiten eröffnet, die er vorher nie in sich vermutet hätte.

Sibirien ruft nicht sofort Staunen und Verwunderung hervor, sondern zieht langsam und gleichsam zögernd, mit bewährter Bedachtsamkeit in Bann, läßt dann aber nicht mehr los. Und schon ist es passiert: Man wird krank nach Sibirien. Neben der sibirischen Pest, die es heute wohl nicht mehr gibt, ist das die bekannteste Krankheit: Nach diesem Land ist es einem noch lange überall zu eng, ist man schwermütig und bedrückt, verzehrt einen überall das unbestimmte, quälende Gefühl, sich selbst nicht mehr zu genügen, als hätte man einen Teil von sich für immer in Sibirien gelassen.

In unserer Natur ist alles mächtig und weit, alles unterscheidet sich von Ähnlichem anderswo. Die Ebene in Westsibirien – ja, das ist eine Ebene: die größte und ebenste auf dem Planeten; die Sümpfe dort – das sind Sümpfe, die auch vom Flugzeug aus kein Ende nehmen wollen. Die ostsibirische Taiga ist ein ganzer Kontinent für sich, der, nebenbei gesagt, durch Ausholzen und Waldbrände auch die schlimmsten Katastrophen erlebt, seit er besteht. Die Flüsse – Ob, Jenissej und Lena – können nur untereinander konkurrieren. Im Baikalsee ist ein Fünftel des Süßwasservorrats der Erde. Nein, alles ist hier reichlich und aus dem Vollen geschöpft und bemessen, als hätte der Allmächtige die Erschaffung der Erde von hier, vom Stillen Ozean aus, begonnen, wäre dabei großzügig und verschwenderisch zu Werke gegangen, hätte mit Material nicht gegeizt – und erst als er daran dachte, daß es nicht reichen könnte, hatte er angefangen, einzusparen und alles kleiner zu machen.

Soweit zu den Entfernungen, den Ausmaßen; was aber läßt sich von Sibiriens Schönheit sagen? Kann man beispielsweise dem Baikal auch nur annähernd mit Worten gerecht werden? Beliebige Vergleiche, beliebige Worte würden nur einen schwachen, blassen Eindruck vermitteln. Gäbe es nicht die mächtigen, ihm ebenbürtigen Sajangebirge in der Nähe, wären da nicht die Lena, die nahebei entspringt, und die Angara, die das Wasser des Baikalsees zum Jenissej bringt, könnte man meinen, wenn man am Ufer dieses wunderbaren Sees steht und seine näheren Umrisse und sein Wasser, seine Farben und das von oben einfallende Licht auf sich wirken läßt, wovon einem die Seele nicht schlicht vergeht, sondern wie von tiefer Ohnmacht überwältigt erstirbt – dann könnte man meinen, der Baikal wäre zufällig von einem anderen Planeten gefallen, einem heiteren und reicheren, mit dessen Bewohnern er in vollem Einklang war. Mit dem gleichen Gefühl schaut man auf den Telezkoje-See im Altai. Das Altaigebirge wird sehr oft mit dem europäischen Schönheitsideal, der Schweiz, verglichen; hier lebt die Natur nicht bloß, hier ist sie uneingeschränkte und allmächtige Herrscherin. Als ob sie sich ihrer Höhen schämte – nicht über dem Meeresspiegel, sondern über dem Spiegel der menschlichen Wahrnehmung –, steigt sie großmütig hernieder und bringt mit erhabener Leichtigkeit ihre Reichtümer herab, damit sie, sichtbaren, göttlichen Lauten gleich, einladend und ermutigend klingen. Nicht zufällig suchten die Russen gerade hier im Altai zwei Jahrhunderte lang das sagenumwobene Land der geheimnisvollen weißen Wasser, Belowodje, ein Paradies auf Erden, in dem sie glücklich und in Freuden leben könnten. Sie suchten es und meinten es gefunden zu haben, brachten ihre Landsleute aus dem europäischen Rußland, vom Ural und aus der Sibirischen Ebene dorthin, bauten Häuser und bestellten das Land – also mußte doch etwas Besonderes, Außergewöhnliches an dieser Gegend sein, wenn die Menschen so große Hoffnung in sie setzten. Alles hätte hier sein können wie im Paradies – aber der Mensch, der seine Gewohnheiten, Gesetze und Vorschriften auch in die entlegensten Winkel mitbringt, machte den Traum zunichte.

Sibirische Schweiz heißt auch der Kreis Minussinsk an der Südgrenze von West- und Ostsibirien in der Region Krasnojarsk. Sollte es in der Schweiz oder sonstwo im warmen Europa ein dort auf rätselhafte Weise hingelangtes Stückchen von Sibirien geben, so gäbe es eine Erklärung dafür: Sie sind vertauscht worden, was für Europa bestimmt war, ist durch einen glücklichen Zufall hierher geraten. Überall ringsum ist Sibirien wie Sibirien, nur im Minussinsker Kessel reifen erstaunlicherweise Wasser- und Zuckermelonen, werden die Tomaten so groß, daß auch Früchte aus dem Süden kaum mit ihnen konkurrieren können.

Übrigens haben wir etliche solcher Einsprengsel scheinbar nichtsibirischen Charakters. Am Baikalsee gibt es einen Landstrich am Fluß Sneshnaja, wo neben Lärchen und Zirbelkiefern unübersehbare Reliktbestände von Pappeln und Blautannen wachsen. Auf den Baikalsee gehen wir lieber nicht näher ein. Dort existiert von den primitivsten Pflanzen bis zu großen Tieren zu vieles in einmaliger, nirgendwo wiederkehrender Form, und wenn vielleicht auch nicht in einmaliger, so doch in einer Form, die es in dieser Region den Naturgesetzen nach gar nicht geben dürfte. Niemand weiß, woher das kommt. Die Wissenschaftler machen voller Staunen immer neue Entdeckungen. Nicht jeder weiß, daß es an einigen günstig gelegenen Orten am Baikalsee mehr Sonnentage im Jahr gibt als in südlichen Badeorten (kürzlich las ich in einer soliden Publikation, daß Irkutsk in der Zahl der Sonnenstunden nach Davos den zweiten Platz in der Welt einnimmt), und daß sich das im Baikalsee ständig kalte und sogar im Sommer eisige Wasser in den Buchten auf über 20 Grad erwärmt. Wie soll man da nicht annehmen, daß all diese erklärlichen und unerklärlichen glücklichen Ausnahmen gerade dazu da sind, zu dem offenkundigen Zweck geschaffen wurden, dem Menschen zu zeigen, was er tun soll, in welcher Richtung er Sibirien verändern soll, wenn es ihm karg und unwirtlich erscheint.

Wie alles in Sibirien – Mensch, Landschaft, Klima – kann die sibirische Natur nicht überall gleich aussehen. Man denke nur an die Entfernungen, über die zu reden wäre, wollte man alles in einem erfassen. Nur im Winter versinkt die ganze Natur von einem Ende zum anderen in tiefe, gedankenschwere Erstarrung. Nackt und kalt liegen die weißen Ebenen, friedlich, verlassenen Grenzwällen gleich, ragen die unter der Last des Schnees gebeugten Berge aus dem Weiß, in klirrenden Winterschmuck gemummt, dämmert die Taiga, Seen und Flüsse bedecken sich mit Eis. Alles ist nach innen gekehrt, alles ist von einer gigantischen beschützenden Kraft verzaubert. In dieser Zeit kann man sich gut vorstellen, wie es einst zu den alten Sagen kam – von Winterschlaf haltenden Menschen oder in der Luft gefrorenen Worten, die das Ohr nicht mehr erreichten, erst mit der Frühlingswärme wieder auftauten und von selbst ertönten, weit weg von dem, der sie gesagt hatte.

In Sibirien erliegt man leicht solchen Stimmungen.

Der Frühling ist bei uns noch kein Frühling, wie man ihn überall kennt, sondern ein gut zwei Monate dauerndes Auspendeln des Winters: Wärme – Frost, Wärme – Frost, bis endlich die Entscheidung für die Wärme gefallen ist. Dann beginnt ein großes, eiliges Tauen, Knospen, Blühen und Grünen. In den nördlichen Breiten ist das, als ob der Sommer mit Schnellfeuer losballert: Noch gestern war es wüst und kahl, deuteten sich Veränderungen gerade erst an, heute grünt und sprießt es schon an allen Enden, morgen erglüht es in allen sommerlichen Farben. Dann lodert leuchtend und grell eine Schönheit auf, die kein Bedenken kennt: So langsam der Winter ist, so sehr muß der Sommer sich sputen. Kaum ist es Anfang August, geht er schon zu Ende, und im Handumdrehen ist der Herbst da, kommt her, als wäre er hier zu Hause. Damit lebt der Sommer: Von der einen Seite bedrängt ihn der kalte Frühling, von der anderen der Herbst.

Dafür ist der Herbst lang und ruhig. Natürlich gleicht kein Jahr dem anderen, natürlich kann es ganz verschieden sein, kommt es vor, daß sich auch diese Jahreszeit nicht lange hält, aber meist kommt sie früh und geht spät, gibt allem Leben in der Natur die Möglichkeit, von der heißen Zeit des Reifens auszuruhen und noch ein bißchen Sonne zu genießen. Nicht selten geschieht es sogar, daß die von der späten Wärme genannten Knospen zum zweitenmal schwellen und der wilde Rosmarin auf den Berghängen noch einmal blüht, ein Strauch, den die Sibirier lieben, unansehnlich und knorrig ist er, aber wie freudig, wie selbstvergessen läßt er seine lila oder rosa Blüten prangen! Noch lange glühen dann die Wälder, lodern in verschwenderisch flammenden Herbstfarben, die hier besonders rein und leuchtend sind und hoch und heiter die Luft erfüllen.

Glühen, lodern, flammen – das ist nicht nur für Feuerwehrvokabular. Es ist so in Sibirien. Der sibirischen Natur ist nicht die träge, gesättigte Schönheit des Südens eigen, sie ist, wie gesagt, gezwungen, sich zu sputen, um alles Blühen, Verblühen und Früchtetragen zu schaffen, und sie tut es mit bewährtem Ungestüm und kurzlebigem, aber farbenfrohem Triumph. Bei uns gibt es Blumen, die hinter dem Ural nicht wachsen, und sie heißen so: Feuerblumen, Flämmchen. Im Juli, wenn sie blühen, erstrahlen die Waldwiesen in der Taiga in festlichem, brennenden Rot, nichts kann den Eindruck erschüttern, daß sie spürbare Wärme ausstrahlen.

Ungestüm in der einen Jahreszeit und Zögern in der anderen bei ungleichmäßigen und in ihren Grenzen schwankenden Übergängen: das ist Sibirien. Heftig und starr, offen und heimlich, grell und verhalten, großzügig und verschlossen – nicht nur auf die Natur bezogen: das ist ebenso Sibirien. Und wenn du über diese beiden beinah gegensätzlichen Grundelemente nachsinnst und dir vergegenwärtigst, wie gewaltig, mannigfaltig und ungewöhnlich Sibirien ist, springst du mit dem gleichen Ungestüm auf, um dem lockeren Ruf zu folgen, und hältst mit der gleichen Beherrschtheit inne: Sibirien!

Zu vieles verbindet sich heute mit diesem Wort.

Wie sehr möchte ich aus dem riesigen, verworrenen Knäuel der mit Sibirien verknüpften widersprüchlichen Hoffnungen und Bestrebungen nur eine Zauberperle herauslesen, nur die eine schlichte, deutliche Gewißheit: Auch in hundert, zweihundert Jahren noch wird der Mensch, wenn er an den Baikalsee kommt, staunend vor seiner ursprünglichen Schönheit und seinen reinen Tiefen verharren; auch in hundert, zweihundert Jahren noch wird Sibirien Sibirien sein – ein bewohnbares, gut eingerichtetes Land mit einer bewahrten Natur und keine verwüstete Mondlandschaft mit Überresten versteinerter Bäume.

In jedem geistig entwickelten Menschen sind die Züge seiner Heimat lebendig. Unbewußt tragen wir Kiews Altehrwürdigkeit, Nowgorods Größe, Rjasans Schmerz, die Heiligkeit der Einsiedelei von Optina und die Unsterblichkeit von Jasnaja Poljana und Staraja Russa in uns. Gleich dem brennenden Dornbusch leuchten in uns die Merkmale unserer Siege und Niederlagen. In diesem Sinn empfinden wir Sibirien längst als eine Realität der Zukunft, als sichere, nahe Stufe einer bevorstehenden Erhöhung. Wie diese aussehen wird, stellen wir uns nur verschwommen vor, aber hinter den Konturen zufälliger Bilder träumt uns etwas völlig anderes, Neues, wo der Mensch die für seine Existenz unnötigen und schädlichen Bemühungen aufgibt und, die bitteren Erfahrungen der jüngsten Vergangenheit beherzigend, endlich nicht mit Worten, sondern in der Tat beginnt, sich um das Land zu sorgen, das ihm glücklich zugefallen ist.

Das wird Sibiriens Erfüllung sein. Und so muß der Sibirier sein, der Bewohner dieses jungen und ruhmreichen Landes – eines Landes, das ein Recht auf seine Zukunft hat.

Kurt Vonnegut
Galapagos
Roman
256 Seiten

Jackie Kennedy, Henry Kissinger, Mick Jagger, Rudolf Nurejew und Paloma Picasso – ursprünglich stehen sie alle auf der Passagierliste der *Bahía de Darwin*, die zur zweiten Arche Noah der Menschheit werden soll.
Galapagos ist Kurt Vonneguts Meisterstück, eine souveräne Mischung voller Geschichten und Pointen, ein Szenario menschlichen Überlebens, das in seiner Phantastik und Hintergründigkeit ohnegleichen ist. Ein Vonnegut, wie er besser und aktueller nie war.

C. Bertelsmann